KB248648

일하는 사람을 위한 노트법

일하는 사람을 위한 **노트법**
ⓒ 들녘미디어 2004

초판 1쇄 발행 | 2004년 2월 10일
초판 5쇄 발행 | 2007년 10월 26일

지은이 | 히구치 다케오
옮긴이 | 윤정원
펴낸이 | 윤은숙

펴낸곳 | 도서출판 들녘미디어
등록일자 | 1995년 5월 17일
등록번호 | 10-1162
주소 | 경기도 파주시 교하읍 문발리 파주출판문화정보산업단지 513-9
전화 | 마케팅 031-955-7374 편집 031-955-7381
팩시밀리 | 031-955-7393
홈페이지 | www.ddd21.co.kr

값은 뒤표지에 있습니다. 잘못된 책은 구입하신 곳에서 바꿔드립니다.
ISBN 89-86632-02-0 03320

일하는 사람을 위한 노트법

히구치 다케오(樋口健夫) 지음　윤정원 옮김

들녘미디어

당신은 '자신의 노트'를 가지고 있는가?

'자신의 노트'를 항상 가지고 다니며 본 것, 느낀 것, 체험한 것을 무엇이든지 노트에 적으며 '인생의 노트'로써 보관하고 있는가?

오늘부터라도 '당신의 노트'를 가지고 다닐 것을 적극 권한다. 그것이 당신의 인생을 변화시키는 첫걸음이다.

노트는 비즈니스의 경쟁력

사람들은 일이나 일상생활에서 노트가 얼마나 중요한지 모르고 살아간다. 노트에 적어두는 것이 얼마나 멋진 일인지 깨닫지 못하고 있다. 노트에 무언가를 쓰는 것은 즐겁고 재미있는 일인데도, 그것을 고통으로 느끼는 학생이나 회사원이 늘어나고 있다. 쓰는 것이 고통이라니 슬픈 일이다. 쓰는 것을 즐겼으면 한다.

쓰는 것을 즐기기 위해서는 어쨌든 써보는 것이 중요하다. 글씨가 괴발개발이라고 한들 신경 쓰지 마라. 어차피 자신을 위한 노트이다. 자기만의 여러 가지 목적에 따른 최적의 방법으로 노트를 사용하는 것이다. 노트 사용법은 목적에 따라 달라진다. 물론 공통분모도 있다. 노트는 일정 기간 일관성을 갖고 계속 써나가는 것으로, 처음으로 '당신의 노트'가 된다.

노트를 어떻게 사용하는가라는 의미에서 나는 '노테크'라는 말을 만들었다. 노트·테크놀러지의 약자이다. 노트를 사용하는 것이 얼마나 중요하고 재미있는지, 또 우리 인생과 얼마나 밀접하게 관련되어 있는지를 아는 것이 노테크의 첫걸음이다.

비즈니스맨이 자신의 노트를 소지하지 않고서 일을 잘하기란 불가능하다는 것이 나의 지론이다. 수십 년 전만 해도 일본의 많은 비즈니스맨들이 노트를 사용했다. 흥미로운 것은 그무렵에 일본 경제가 호황을 누렸다는 사실이다.

언제부터인가 직장인들조차 노트를 멀리하게 된 것이, 일본인의 비즈니스 경쟁력이 떨어진 이유의 하나가 아닐까라는 생각이 들 정도이다. 그만큼 노트의 사용이 비즈니스의 발상에 미치는 영향은 결코 무시할 수 없다.

노트는 직장인뿐만 아니라 학생, 주부, 아이들을 포함한 모든 사람의 생활을 풍요롭게 해주는 강력한 도구이다.

나는 이 책에서 일과 일상생활을 매끄럽게 진행하고 인생을 충실하게 하기 위한 노트 사용법을, 20년간의 구체적인 체험을 통해 설명하려고 한다.

인생 노트의 시작

일본에서 시판되고 있는 노트는 값이 싸고 품질이 뛰어나
다. 그런데 안타깝게도 최근에는 그 노트가 예전처럼 많이 사
용되지 않고 있다. 비즈니스맨이 회사에서 노트를 가지고 다
니는 일이 줄어들었고, 가정에서도 마찬가지이다. 노트를 사
용하는 주부는 거의 보기 힘들다. 임시방편으로 광고 전단지
뒷면을 사용하는 일은 있어도 노트를 사용하지는 않는다.

아직까지 학생들에게 노트는 없어서는 안 되는 것이지만, 지
식을 암기하기 위한 방편으로써만 사용되고 있다. 이처럼 노트
의 사용이 줄어들었을 뿐만 아니라, 본질적인 곳에서 노트가 이
용되지 않고 한쪽으로 치우쳐 있다. 사람들이 노트에 보다 애착
을 가져주었으면 하는 바람이다. 노트의 활용은 무궁무진하기
때문이다.

노트를 사용하지 않게 되면, 뇌의 움직임에도 틀림없이 변
화가 일어나고 인류 문화에도 심각한 영향을 미친다. 이 증상
은 이미 상당히 진행되고 있는 것이 아닐까?

뇌에서 생각한 것, 뇌가 외부에서 자극을 받은 것을 노트에
기록함으로써 뇌와 노트는 상호통신을 하고 있다. 노트를 사
용함으로써 뇌는 복잡한 사고를 정리정돈할 수 있다.

'노트를 사용하자. 노트의 가치를 다시 생각해보자.'

내가 호소하고 싶은 말이다. 이론만 내세우는 것으로는 살아 있는 노트 활용법을 설명할 수 없다. 그래서 이 책에서는 그 동안 내가 실천해왔던 '노테크'를 소개함으로써, 독자들이 알기 쉽게 했다. 동시에 노트를 중심에 두고, 다양한 하이테크 기기를 사용하는 기법도 되도록 상세하게 설명했다.

'자신의 노트'를 만들기 위해서는 항상 노트를 가지고 다니며 기록하는 것과 노테크의 확립이 반드시 필요하다. 당신에게 적합한 노테크가 반드시 있을 것이다. 노트가 당신의 인생에 큰 변화를 가져다주리라고 확신한다. 좋은 노트는 당신 인생의 좋은 반려자가 될 것이다.

이 책을 읽고 사랑스러운 '당신의 노트'를 항상 가까이 두기를 권한다. 나이, 성별, 직업은 상관없다. '인생 노트'를 시작하는 시점은 언제든지 상관없다. 젊으면 젊을수록 더 많은 노트를 남길 수 있다. 당신의 멋진 인생을 장기간에 걸쳐서 새겨둘 수 있다.

지금 당장에라도 당신의 '인생 노트'를 마련하기 바란다.

네팔 키트만두에서

히구치 다케오

NOTE TECHNOLOGY
일하는 사람을 위한 **노트법**

일하는 사람을 위한 **노트법 20가지**

1. 업무 노트의 포인트

① 절대로 업무 노트를 분실해서는 안 된다(이름을 적는다).

② 각 페이지에 날짜를 기입한다.

③ 페이지를 건너뛰지 않고 이어서 쓴다.

④ 회의록은 자신이 직접, 회의 그날 작성한다.

⑤ 상대방이 회의록을 작성하더라도 이쪽에서도 따로 기록한다.

⑥ 회의에서는 테이블 그림을 그리고, 순서대로 사람의 이름을 적는다. 그러고 나서 이름, 직책, 전화번호, 이메일 주소를 기입한 리스트를 참석자들에게 돌려서 직접 기입하도록 한다. 음료(핫커피, 아이스커피, 아이스티, 주스 등)의 기입란도 있으면 좋다.

⑦ 숫자가 많이 나오는 발표나 회의에서는 (허가를 받고) IC 레코더나 경우에 따라서는 화이트보드의 데이터를 디지털 카메라로 찍거나 비디오로 촬영한다.

⑧ PDA의 손으로 쓴 메모에 그림을 그려 발상을 구체화한다.

⑨ 언제 어디서든 메모한다.

⑩ 새로운 일을 시작할 때는 우선 노트에 써본다.

2. 일기를 계속 쓰는 비결

① 회사의 교통비를 정산하기 위해서 행선지를 기록해둔다.

② 자기 생활의 충실도나 일상생활에서 중요시 여기는 행동을 쓴다.

③ 아이디어 마라톤의 발상의 수를 적고, 나름대로 점수를 매긴다.

④ 건강을 위해서 무엇을 먹었는지 쓴다.

⑤ 매일의 좋은 행동에 대해 코멘트를 쓴다.

3. 학습 노트의 포인트

① 예습 노트를 만든다.

② 수업 시간에는 필기를 하면서 졸음을 날린다.

③ 수업이 끝나면 되도록 빨리 노트 정리를 한다.

④ 위와 같은 과정을 1과목당 3일간(전날 준비, 그날에 다시 정리하여 다음날 훑어본다) 실시한다(이것은 생각보다 쉽지 않다).

⑤ 수업 전에 영어 교과서를 암기하고, 수학은 전부 혼자서 풀어본다. 역사나 지리 과목은 미리 인터넷에서 검색해보는 것도 좋은 방법이다.

1

일을 잘하는 사람의 노트 사용법

노트로 업무 효과를 두 배 높인다

매일 업무 노트를 쓴다

노트에 관심이 많아서 누구를 만나든지 간에 그 사람의 수첩이나 노트에 시선이 끌린다. 노트의 기록 방식이나 보관 방법에 대해 물어보게 된다. 재미있는 노트에도 관심이 간다. 특히 쓰는 것이 직업인 저널리스트들의 경우, 방대한 노트나 메모를 어떤 식으로 정리하고 있는지 무척 궁금하다.

매일 글을 쓰는 저널리스트라면 누구보다 자기가 쓴 것을 중요하게 여길 것이다. 원고를 절대로 버리지 않고 언제까지나 보관해두리라 생각했다.

그런데 놀랍게도 이제까지 만난 저널리스트 중에서 깔끔하게 노트를 보관히고 관리하는 사람은 구히 드물었다. 대부분의 사람들이 노트나 작은 스프링 메모장에 기사를 쓰고 있었는데, 메모나 노트를 거의 남겨놓지 않는다고 했다.

저널리스트에게 손바닥 안에 들어갈 만한 크기의 메모장은 현장에서의 무기이다. 한 손에는 메모장을 들고 다른 한 손에는 펜을 쥔 채, 초고속으로 메모하며 인터뷰를 마친다. 앉아서 인터뷰를 하는 경우 노트는 테이블 위에 올려놓을 수 있어서 사용하기 편하지만, 서서 사용하려면 크기가 애매해서 한 손으로는 들기 거북한 단점이 있다. 이 경우에는 손바닥 안에 들어가는 메모장이 편리하다.

최근에는 그 메모장도 회사에 돌아와서 컴퓨터나 워드 프로세서를 사용하여 원고를 작성하고 나면, 그 역할을 다 마쳐 처분되는 모양이다.

Y신문의 한 기자는 이렇게 말했다.

"1년이 지나면 믿을 수 없을 정도로 방대한 메모가 남아 있죠. 그것을 정리해야지 생각하면서도, 바쁘다는 핑계로 박스에 넣어서 책상 밑에 보관할 뿐입니다. 그리고 부서를 옮기거나 전근하게 되면 그때 버리게 되죠."

방대한 메모나 필기를 버린다니 너무 아깝다는 생각에 내가 물었다.

"자기가 쓴 메모가 언제 어떻게 필요하게 될지 모르지 않습니까?"

나의 질문에 신문기자가 자신의 경험을 털어놓았다.

"하긴, 확실히 남겨둔 메모가 나중에 도움이 된 적도 있습니다. 어떤 사건과 관련해서 관계자의 발언을 기사로 썼는데, 소송에 걸린 적이 있었습니다. 다행히 제가 그 사람의 발언을 기록한 메모를 제시해서 재판에서 승소했죠. 그때는 메모를 남겨놓길 정말 잘했다고 절실히 느꼈어요."

"지금부터라도 다시 시작할 수 있지 않습니까? 노트나 메모를 날짜와 시간순으로 남겨놓으면 말이죠."

나는 이런 식으로 계속 물고 늘어졌다.

"분명 맞는 말씀입니다만, 기사를 다 쓰고 나면 끝났다는 생각에, 기록으로 남기는 데까지는 신경을 못 쓰고 있습니다. 반성해야겠죠."

'말했다, 안 했다'라는 논쟁이 재판으로 갈 정도가 되면 메모는 도움이 된다. 노트든 메모든 보관해둘 만한 이유가 있는 것이다.

저널리스트의 노트나 메모는 일반 비즈니스맨이 작성하는 회의록과 역할이 같을 것이다. 방금 말한 저널리스트와 마찬가지로 나도 몇 번이나 노트의 도움을 받은 적이 있다. 소송까지는 아니지만 서로 '말했다, 안 했다'를 가지고 다툴 만한 심각한 상황이 되었을 때, 노트에 적어두었기 때문에 궁지에서 벗어났던 것이다.

상사(商社)에서 일하는 나의 경우 노트는 더욱 중요하다. 해외에서 협상을 해야 하는 경우가 많기 때문에 노트는 종종 비즈니스의 사활을 좌우한다. 노트에 날짜나 페이지 번호를 매기는 것은 아주 중요하다. 예를 들면 지불조건, 발주 준비 등 상대방의 발언 내용이 나중에 미묘한 문제를 남길 가능성이 있을 때는, 영어로 발언자의 이름과 발언 내용을 적어둔다.

예를 들어, 어떤 기계의 견적을 의뢰받았을 경우를 생각해보자. 당연한 일이지만 고객은 "좀더 싼 가격을 제시해주십시오. 그러면 더 이상 할인 협상은 하지 않겠습니다"라고 제안할 것이다. 고객이 다시 할인 요구를 하지 않는다면, 처음부터 가장 낮은 가격을 제시하는 것이 도리겠지만, 협상 상대가 몇 번이나 할인을 요구해올 만한 강적일 경우에는, 협상의 여지를 남겨놓지 않고 처음부터 최저가격을 제시하는 것은 문제가 있다. 아슬아슬한 가격에 아슬아슬한 협상 여유분을 남겨놓고 제시하게 된다. 이쯤 되면 노하우의 문제이다.

가격을 제시하면 예상대로 상대방은 다시 할인을 요구해온다. 그러면서도 여전히 "이게 마지막 할인 요청"이라고 말하는 것이 보통이다.

그때는 최후의 협상 여분을 빼놓고 가격을 제시한다. 이는 약간의 할인이며, 경의를 표하기 위한 것이기에 '경의 할인'이라고 할 수 있다.

그래도 고객은 또다시 할인을 요청해온다. 이렇게 되면 이쪽도 전과 같은 할인 폭을 제시해주지 못한다. 할인해줄 수 있는 여분이 얼마 남지 않았기 때문에 애를 태우는 것이다. 그래서 상대방을 설득하는 작업에 들어간다.

"모월 모일, 귀사의 회의실에서 귀사의 사장인 Q씨와의 면담에서, '가격 재협상은 하지 않겠다'라는 말을 들었습니다.

그런데 그후 모월 모일, 귀사는 다시 할인 요청을 해왔습니다. 저희는 더 이상 할인을 해줄 여유분이 남아 있지 않지만, 이것이 마지막 요청이라고 확인되면 귀사의 담당자에 대한 경의의 표현으로 마지막으로 이만큼의 할인 가격을 제출하겠습니다. 이제 더 이상은 안 됩니다."

유럽이든, 미국이든, 중동이든 쉽게 할인해버리면, 상대방은 몇 번이고 할인 요청을 해온다. 할인 재요청에 대해 편지로 회답하는 경우에도 이제까지의 경위를 쓴다면 조금이라도 할인의 압력에서 벗어날 수 있다.

처음 할인 요청에서 이번 할인 요청까지를 수용하는 데 얼마나 고생했는지 그 동안의 경위를 밝히지 않고, 그리고 더 이상의 할인은 어렵다는 내용을 쓰지 않고 쉽게 할인 요청에 응한다면, 상대방은 또다시 '이번이 마지막 할인 요청'이라면서 언제까지나 최종 장면에 이르지 않는 것이 보통이다.

단호한 입장을 보이지 않고 쉽게 요구를 들어주면, 상대방은 '더 두드리면 깎을 수 있다'고 자기들의 편의대로 해석한다. 이쪽의 반응에 따라 상대방의 할인 요청의 압력도 조금은 약해지고, 경우에 따라서는 일정한 할인 도달 목표를 제시해와서, 타결 목표가 보일 때도 있다.

그간의 경위를 상세하게 노트에 기록해두지 않으면 상대 회사를 설득하기 어렵다. 까다로운 협상 때문에 몇 년 전의 노트를 뒤진 적도 몇 번이나 있다.

가격 협상 노트

해외에서의 협상▶ 노트는 비즈니스의 사활을 좌우한다.

지불 조건, 발주 준비 등 노트에 페이지 번호를 적는다.
상대방의 발언 내용이 미묘한 문제를 남길 가능성이 있다면, 영어로 발언자의 이름과 발언 내용을 적는다.

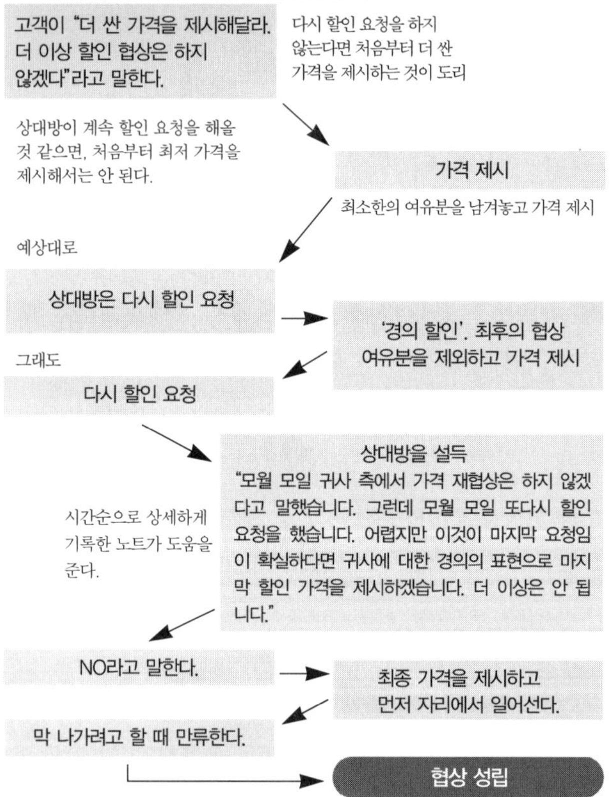

실제로 나의 노트는 시간순으로 적혀 있기 때문에, 언제 어떤 발언이 오고 갔는지를 알 수 있다. 노트의 기술 중 하나는 되도록 상세하게 기록하는 것이다. 그래야 나중에 어려움에 처했을 때 나를 도와줄 수 있다. 이는 직장인에게 매우 중요한 일이다.

회의록은 내가 작성한다

미쓰이 물산에 입사해서 철저하게 지도를 받은 것은 메모를 하는 일이었다.

신입사원 연수 시절부터 중견사원이 된 후에도 메모의 중요성은 두말할 나위 없었다. 나는 사내 연수에서는 카세트 테이프에 녹음을 한 후 되풀이해서 듣곤 했다. 무엇보다도 먼저 기록해둘 필요가 있음을 깨달았던 것이다.

특히 언어가 문제가 되는 해외 근무에서는 메모를 하지 않으면 일을 진행할 수가 없다. 특히 메이커를 대표하여 협상해야 하는 상사의 경우, 기술 문제가 화제로 떠오르면, 그 내용을 이해하기도 어려울 뿐더러 오해의 소지도 많아지기 때문에, 회의 때마다 온 정신을 집중하여 열심히 기록했다.

내가 소속된 미쓰이 물산의 한 부서에서는, 그날 열린 회의 기록은 그날 중에 완성해서 상대방에게 제출하는 것이 불문율이었다. 당시 한 고참 선배는 뉴욕 출장 중에 낮에는 기술

관련 미팅을 하고 저녁식사 후에 술을 마시고 밤 12시가 넘어서 호텔에 돌아간다고 해도, 다음날 아침 일찍 몇 장이나 되는 회의록을 고객에게 전달할 정도였다. 거의 밤을 새워서 쓴 게 아니냐는 말이 나왔다. 아무리 술에 취하거나 접대 때문에 늦어지더라도, 잠자는 시간을 줄여서라도 회의록은 그날 중에 작성할 필요가 있다.

비즈니스의 세계에서는 차곡차곡 쌓여가는 회의록이 협상의 성공으로 통하는 경우가 많다. 계약 협상의 자리에서 어느 쪽이 회의록을 작성하느냐 하는 문제 때문에 옥신각신하는 경우도 종종 있다. 상대방이 귀찮은 회의록 작성을 맡았다고 해서 다행이라고 마음 놓아서는 안 된다. 회의록 작성의 주도권이 상대방에게 넘어갔을 때 그 협상은 불리하거나 지기 쉽다.

국제적인 비즈니스 협상에 있어서는, 이쪽이 작성한 회의록은 아무래도 이쪽에 유리하게 쓰여지는 경우가 많은 법이다. 물론 없는 말을 기록하는 술수는 어림도 없는 일이지만, 어느 쪽으로도 해석할 수 있는 애매한 의미를 남기거나 빠져나갈 구멍을 만들어두거나, 극단적인 경우에는 자기 쪽에 불리한 이야기는 쓰지 않을 가능성도 있다. 지금 당장은 아니라도 언젠가 문제가 되면, 작성한 쪽만이 알고 있는 경우도 있기 때문에 회의록의 기재가 미래의 구제 조치가 되는 경우도 있다.

회의록을 작성하는 쪽이 유리해질 가능성이 높다는 사실을 누구나 알고 있기 때문에, 양쪽이 서로 회의록을 작성하겠다

회의록 쓰기

● 반드시 상세하게 메모한다.

　　● 불안할 때는 녹음해서 나중에 다시 듣는다.

● 그날 중에 완성해서 상대방에게 제출한다.

　　● 정확성과 현장감을 보여준다.

● 누구의 발언인지를 명확하게 한다.

이상적인 출석자 명단

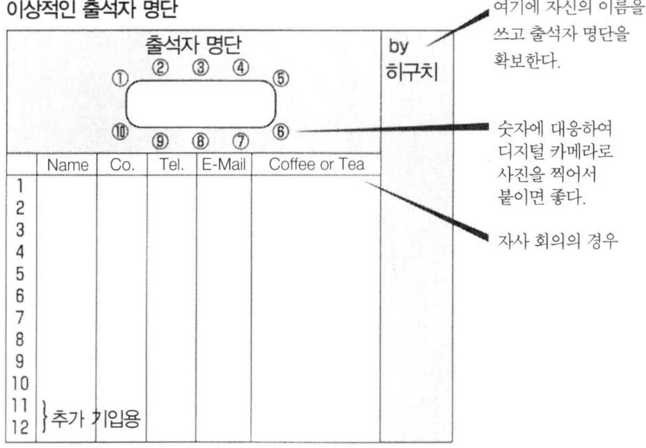

● "우리가 회의록을 작성하겠습니다"라고 말한다.

● 후일 논쟁이 생기더라도 회의록으로 상황을 보충하면서 대응할 수 있다.

고 양보하지 않을 수도 있다. 회의록 작성의 적임자는 평소 메모를 많이 하는 사람이다. 항상 이쪽에서 회의록을 작성할 수 있도록 자세히 메모하는 습관을 들이는 것이 중요하다.

상대방이 회의록을 작성하는 경우에도, 이쪽은 이쪽대로 회의록을 작성해두는 것이 좋다. 또 상대방의 회의록 내용을 확인하고 정정하여 서명하는 것을 규칙으로 만드는 것도 중요하다.

장시간에 걸친 회의의 회의록 작성에 있어서는, 이메일로 주고받거나 회의록 내용의 소프트 카피(플로피 디스크, CD-R 등)를 첨부하는 경우도 있다.

팀 단위로 협상이 이루어질 때, 특히 상대방이 회의록을 작성할 경우 회의 참석자 전원이 제출된 회의록을 검토하는 것이 중요하다. 특히 큰 프로젝트일 경우 회의록을 확인하는 일은 참석자 한 명 한 명의 책임이며, 이를 소홀히 하면 프로젝트 전체에 지장을 줄 위험이 있다.

자신의 전문 분야가 한정되어 있을 때는 그 부분에 빠진 사항이 없는지, 왜곡되어 기재된 것은 없는지를 점검한다. 회의록을 확인하고 정정하고 서명하고 나서야 비로소 회의가 끝나는 것이라고 머릿속에 새겨둘 필요가 있다. 나중에 가서 논쟁이 재발했다고 해도 자신의 회의록으로 상황을 보충하면서 대응할 수 있다.

당신이 회의를 진행하는 경우라면, 동시에 회의록을 기록하기는 어렵다. 그럴 때는 "회의록 작성은 어떻게 하시겠습니

회의록의 문제점과 해결 방법

해외 근무 언어가 걸림돌. 특히 기술문제에서 오해가 생길 소지가 많다.

비즈니스의 세계 회의록을 잘 써야 협상에서 유리하다.

국제적인 비즈니스 협상 회의록을 쓰는 쪽이 유리하다.

◐애매한 의미를 남기거나 빠져나갈 수 있는 여지를 두거나 자신에게 불리한 내용은 쓰지 않는 등의 위험이 있다. 또 뒤에 문제가 될 사항에 대해서 회의록에 쓰는 것은 미래에 대한 구제 조치가 된다.

상대방이 회의록을 작성할 경우 이쪽에서도 회의록을 작성한다.

◐상대방의 회의록 내용을 확인◐정정◐사인을 규칙화한다. ◐상대방의 회의록 작성이 늦어지면 이쪽이 제출한다.

긴 회의의 회의록 이메일에 회의록 내용의 소프트 카피(플로피 디스크, CD-R 등)를 첨부한다.

팀 단위의 협상 회의록을 상대방으로부터 받으면 ◐회의 참석자 전원이 확인한다.

자신의 전문 분야가 한정되어 있다 그 부분에 빠진 것이 없는지, 왜곡되어 기재된 것은 없는지 점검한다.

당신이 회의 진행자가 될 경우 상대방에게 '회의록 작성은 어떻게 하는지' 확인한다.

◐상대방이 회의록을 쓰는 경우 : 회의 전에 이쪽에서도 회의록 작성자를 정한다.

◐회의 종료 후 : 회의록 작성의 프로세스에 이쪽 담당자도 참가할 수 있도록 유도한다.

까?"라고 상대방에게 확인해두면 좋을 것이다. 가령 상대방이 작성하는 경우에도 이쪽 역시 회의 기록 담당을 정해서, "K씨, 죄송하지만 기록을 해주십시오"라고 회의가 시작되기 전에 지시를 해둔다. 또 빈 종이를 한 장 돌려서 회의 참석자 전원에게 이름, 직책, 회사명, 이메일 주소 등을 적도록 부탁한다. 이렇게 함으로써 누구의 발언인지 확실하게 해둘 수 있다.

회의가 끝난 후 상대방이 회의록을 작성할 경우에도 잊지 말고 "그럼 K씨, 회의록을 서로 확인해서 원고를 작성하세요"라고 말한다. 이렇게 해서 회의록 작성 프로세스에 이쪽의 K씨를 참가시킨다.

POINT

1. 비즈니스에서 메모나 기록은 생명이다.
2. 회의록은 자기(이쪽 회사)가 작성하는 것이 유리하다.
3. 회의록은 회의 그날에 완성하는 것이 정확성과 현장감을 주는 비결이다.

현장감 있는 디지털 보고서 만들기

해외 주재 중, 본사에서 나온 출장자가 찾아와서 "드디어 내일 아침에 떠납니다. 여러 모로 신세를 졌습니다"라며 인사할 때가 있다. 그럴 때마다 내가 하는 말이 있다.

"그럼 지금부터 당신의 출장 보고서와 프로젝트의 현황 설명서를 함께 작성할까요?"

내가 컴퓨터 앞에 앉고 그 뒤에 출장자가 앉는다. 1시간 정도 둘이서 그의 출장 보고서를 작성하는 것이다. 컴퓨터의 워드 문서를 인쇄한 후, 그 내용을 서로 확인하는 작업을 거쳐 최종본이 만들어진다.

출장 보고서는 언제 작성하느냐가 매우 중요하다. 출장 중에 쓰는 것이 출장이 끝난 후에 쓰는 것보다 더 상세하고 현장감이 살아 있다. 상사에 근무하는 사람이라면 귀국 후에 애매해진 기억에 의존하여 출장 보고서를 쓰는 것이 얼마나 힘든 작업인지 경험해보았을 것이다. 그러므로 내가 권하는 출장 중의 보고서는 분명 출장자 본인에게도 큰 도움이 될 것이다.

주재원인 내게도 장점이 있다. 귀국 전에 출장자와 의견의 일치를 볼 수 있기 때문에, 귀국하고 나서 "이것도 아니다, 저것도 아니다, 말했다, 안 했다"를 따지는 일이 없어져서 효율적인데다가 앞으로의 진행 방법 등도 확인할 수 있는 이점이 있다.

어느 회사나 마찬가지이지만, 해외 출장을 다녀와서 출장 비용을 정산하고 출장 보고서를 작성하는 일은 심적인 부담을 준다. 나의 경우 출장 보고서는 출장 중에 매일, 휴대용 노트북에 기록해둔다. 어느 정도 양이 쌓인 것을 이메일이나 팩스로 사무실에 보내두면, 출장 후에 아주 편해지기 때문이다.

최근에는 디지털 카메라로 찍어둔 사진을 출장 보고서에 편집하거나 첨부하여 더 눈에 띄는 보고서로 만들 수도 있다. 예를 들어 출장자가 현지에서 면담한 고객의 얼굴을 디지털 카메라로 찍은 후 그의 명함과 함께 보고서에 붙여서 'X사 부장 Q씨'라는 식으로 사진 옆에 이름을 적는다. 이것만으로도 아주 박력 있는 보고서가 될 것이다.

또한 나는 이런 방법도 사용하고 있다. 편지를 쓸 때는 반드시 발신자인 내 이름 위에 흑백 사진을 삽입하여 인쇄하는 것이다.

내 컴퓨터에는 몇 가지 '증명사진'이 보관되어 있다. 사진마다 각각 '근면', '보통', '분노', '놀람', '울상' 등의 제목을 붙여두었다가 그중 보고서에 적합한 사진을 골라 내 이름 위에 붙여서 인쇄한다. 나는 이것을 새로운 커뮤니케이션의 한 방법으로 활용하고 있다.

출장자와 공동으로 작성하는 귀국 전 출장 보고서는 사진의 활용이라는 점에서도 사내 평판이 아주 좋다. 고객의 사진이 들어간 보고서에 대해서는 칭찬이 자자했다. 얼굴 사진이 보고서의 이해를 돕는 것이다. 한편 내 얼굴이 들어간 보고서는 웃음을 자아냈다.

기술이 진보하여 이 출장 보고서의 사진을 컬러로 전송하는 시대가 왔다. 컬러 스캐너를 사용하면 컬러 서류나 사진도 보낼 수 있다. 해외에서 고객을 방문할 때는, 회의에 참석한 전원이 기념사진을 찍어, 고객측 전원과 일본의 본사에 보내는 이메일에 첨부하고 있다.

차세대 컴퓨터 통신을 이용하여 TV 회의나 컬러 동영상 전송이 가능해질 것이지만, 이를 비즈니스에서 어떻게 활용할 것인지는 비즈니스의 최전선에 있는 우리의 몫이다. 이미 명함 크기의 CD-R에 자료를 넣어서 보내는 것도 가능해졌다. PDA(휴대용 디지털 단말기)와의 연계도 가능하다. 통신의 발전은 경이롭다. 앞으로 이것을 어떻게 비즈니스 활동에 도입하게 될지 기대된다.

1. 디지털 카메라로 찍은 고객의 사진을 첨부하면 더욱 현장감 있는 보고서가 된다.

2. 특히 해외에서는 상대방의 얼굴과 이름을 제대로 기억하기 어렵다. 항상 디지털 카메라를 가지고 다니며, 상대방 얼굴을 촬영한다. 자칫 예의 없는 사람으로 비쳐질까 봐 나는 "제가 잘 잊어버리는 성격이라서"라든가 "중요하기 때문에"라는 식으로 양해를 구하고 있다.

3. 고객 데이터베이스에 고객의 사진이 있으면, 그 고객을 방문하는 출장자에게 미리 보여줄 수 있다.

4. 업무의 면담 상대에게도 그날 중에 디지털 카메라로 찍은 사진을 이메일에 첨부하여 보낼 수 있다.

신입사원을 위한 노트 활용법

1인 1노트 갖기

미쓰이 물산에서 통신관련 회사에 파견 근무한 적이 있었다. 해마다 연초가 되면 몇 개월 동안의 사내 연수를 마친 2, 3명의 신입사원이 내 부서로 배치되어 왔다.

부서 배치를 받은 첫날, 그들은 우선 부장인 내게 인사하러 온다. 인사를 나누자마자 나는 준비해둔 파일 노트를 서랍에서 꺼내 신입사원들에게 한 권씩 나누어주며 당부한다.

"자, 앞으로 2개월 동안 여러분의 업무는 매일 이 노트에 업무일지를 쓰는 일입니다. 앞으로도 연수라든가 회의 시간에 기록하는 일이 많을 것입니다. 일을 계속하는 한 이 노트에서 손을 떼지 마십시오."

"네."

"네."

"그리고 가장 중요한 것은 매일 한 페이지의 업무일지를 이

업무일지

신입사원의 부서 배치 첫날,
노트를 배포한다.
이 노트에 매일 업무일지를 쓴다.
연수, 회의록 등 쓸 것은 많다.
앞으로 일을 하는 이상,
노트를 손에서 놓지 않는다.

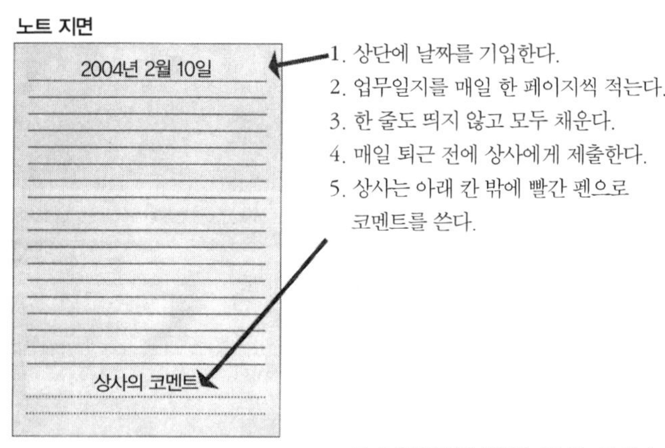

1. 상단에 날짜를 기입한다.
2. 업무일지를 매일 한 페이지씩 적는다.
3. 한 줄도 띄지 않고 모두 채운다.
4. 매일 퇴근 전에 상사에게 제출한다.
5. 상사는 아래 칸 밖에 빨간 펜으로
   코멘트를 쓴다.

＊작년 신입사원의 업무일지를 참고로 한다.

노트의 한 장 분량만큼 쓰는 일입니다. 그것도 한 줄도 띄워 써서는 안 됩니다. 모두 채워 써야 합니다. 그리고 매일 퇴근 전에 내게 제출하세요. 나는 그것을 읽고 아래 빈 칸에 코멘트를 쓰고 차장에게 전할 것입니다. 내가 없을 때는 차장에게 제출하세요. 알겠죠?"

"네."

"네."

"상단에 날짜를 적어야 해요. 아, 그리고 노트 표지에는 이름을 쓰는 것, 잊지 마세요. 이 부서에서는 거의 대부분의 사람들이 같은 종류의 노트를 쓰고 있으니까요. 그리고 작성 요령에 대해 궁금한 것이 있으면 작년에 입사한 K군의 노트를 보여달라고 해요. 참고가 될 테니까. 저기, K군, 자네 노트의 1권부터 4권까지 모두 신입사원들에게 빌려주게."

내 말에 K군이 "네"라고 대답하고서는 작년 노트를 몇 권 꺼내서 가져온다.

"그러면 오늘 오후에 할 일은 나와 함께 고객 회사를 방문하는 것입니다. 중요한 고객입니다. 그 전에 선배의 노트를 읽으면 도움이 될 겁니다. 명함은 있습니까?"

"네."

"네."

고객 방문 내용을 자세히 기록한다

그날 오후 가장 졸리는 시간이 되자 신입사원과 그 고객의 담당자를 데리고, 고객 회사 방문에 나섰다. 고객 회사에 도착하여, 담당 부장에게 동행자를 소개했다.

"오늘 발령 받은 신입사원입니다."

최근에 유행하는 통신이나 컴퓨터에 대한 이야기를 나누고, 약 20분 후에 그곳을 나왔다. 그리고 나는 신입사원에게 말을 걸었다.

"자네, 고객 방문은 어땠는가?"

"네, 첫날에 중요한 고객을 방문하게 되리라고는 생각하지 못했습니다만, 왠지 모르게 조금 안심이 되었습니다."

"자네는 방금 고객과 미팅하면서 메모도 하지 않고 앉아 있더군. 오늘 고객 방문의 미팅 기록을 만들어주게."

"네, 네…… 그, 그건……."

"자네, 노트는 어떻게 했나? 내가 준 노트 말일세."

"가져오지 않았습니다."

"가져오지 않았다니, 가방도 안 가져왔군."

"네, 죄송합니다."

드디어 나는 화가 폭발했다.

"언제까지나 학생 기분으로 있을 텐가?"

"죄송합니다."

긴장해서 그런지 신입사원의 목소리가 떨렸다.

나도 필사적인 기분이 들었다. 이 신입사원을 조금이라도 빨리 어엿한 사회인으로 키우기 위해 학생 기분을 없애야 하는 것이다.

"선배(담당자)한테 물어서 오늘 미팅 내용을 쓰게. 그리고 비즈니스용 가방을 당장 사도록."

"알겠습니다."

이렇게 매년 신입사원들은 호된 신고식을 치러야 했다. 이런 일이 몇 해 되풀이되니, 누군가가 기밀을 누출한 모양이었다. 어느 해부터인가 신입사원이 노트를 잊어버리지 않고 가져오고, 고객 회사를 방문하는 자리에서도 확실하게 메모를 해서 기압을 주는 재미가 없어졌다.

왜 노트가 중요한가

나는 매일 꼼꼼하게 신입사원의 업무일지를 읽고, 빨간 펜으로 코멘트를 단다. 이렇게 몇 개월 계속하는 것만으로도 신입사원의 문장력이 향상되는 것을 느낀다. 대학에서도 이 정도만 가르쳐도 좋을 법한데, 이러한 기초적인 훈련이 이루어지지 않는 것이다.

우리 부서에는 이 A5(210mm×148mm) 노트를 계속 사용해 온 사원이 6명 정도 있어, 그들의 책상 밑에는 노트가 수북하게 쌓여 있다. 그들의 보물이다. 노트를 사용하는 사원들에게 나는 늘 입버릇처럼 말하곤 했다.

"입사한 날부터 노트를 계속 사용해서 모두 남길 수 있으면 그건 굉장한 일입니다. 분명 직장 생활에서의 커다란 양식이 될 것입니다."

회사는 신입사원들을 대상으로 추가로 몇 주의 기술연수를 실시한다. 그때마다 나는 우리 부서원들에게 "노트를 반드시 지참하여 철저하게 회의록을 써오시오"라고 지시를 하곤 했다. 그들의 노트에는 기술에 관한 내용이 빽빽하게 적혀 있어, 주최하는 기술부 사람들이 놀랄 정도였다. 배포되는 자료는 모두 반듯하게 노트에 붙여 컬러 펜으로 핵심이 되는 내용을 표시하고 있어 아주 보기 좋았다.

이렇게 신입사원은 신입사원의 모습에서 벗어나고, 다음 해의 신입사원에게 자신의 노트를 보여주게 된다.

1. 신입사원은 대부분 반듯한 문장을 쓰지 못한다. 노트에 하루도 빠짐없이 업무일지를 쓰면 문장 훈련도 된다. 이 기간에 철저한 훈련을 하느냐 마느냐가, 신입사원의 평생을 좌우한다.

2. 자꾸 쓰다 보면, 문장이 세련되어지고 자신감도 생긴다.

3. 부내, 과내, 그룹 내 신입사원을 위한 훈련의 하나로 우선 보고서를 많이 쓰게 하라. 신입사원의 시기를 놓치게 되면, 교육이나 교정이 어려워진다.

4. 전자사전을 가지고 다니게 한다. 오자는 물론 영어 철자가 틀리는 실수도 막을 수 있다.

연수 노트 활용법

통신회사에서 약 20명의 영업 간부들이 1박 2일로 영업연수를 받은 일이 있었다. 나 역시 참가자 중의 한 명이었는데 나이로 봐서는 중간층에 속했다. 우리는 연수의 내용도 모르고, 연수 룸에 디근자로 앉아 기다렸다. 연수 시간 직전에 교관이 들어왔는데, 몇 분 늦게 들어온 사람은 아주 심하게 야단맞았다.

"그럼 이제부터 연수를 시작합니다만, 여기 계신 20명을 5개의 팀으로 나누겠습니다. 그리고 연수 결과에 따라 우승 팀을 뽑겠습니다."

'좋았어, 그래그래……．'

나는 속으로 생각했다.

20명을 조로 나누어 교관이 발표했다. 한 팀당 4명이었다. 내 팀은 나보다 연장자가 1명, 동갑이 1명, 연하의 직원이 1명이었다.

"자, 그러면 각 팀마다 리더를 뽑아주세요."

나는 '이때다!' 생각하고 당장 행동에 옮겼다.

"여러분, 제가 팀 우승을 약속할 테니 저를 리더로 밀어주십시오."

모두 한순간 떨떠름한 표정을 지었다. 우리 팀 중에는 나보다 나이가 두 살 정도 많고 직급도 높은 사람이 있었기 때문이다.

"우리 팀이 반드시 우승했으면 합니다. 그래서 제가 리더가 됩니다만 괜찮겠지요?"

모두 고개를 끄덕였다.

"저희 팀은 제가 리더가 되겠습니다."

교관을 향해 내가 큰 소리로 말했다. 나이 지긋한 남자가 마치 유치원생처럼 힘차게 대답하는 모습을 상상해보라. 그러나 이것은 비즈니스의 협상에서와 마찬가지로 승자의 자세를 취해야 하는 것과 같다.

이리하여 연수가 시작되었다. 나는 즉시 팀원에게 행동 요령을 간단하게 적은 회람을 돌렸다. 행동 요령은 딱 세 가지였다.

(1) "질문 있습니까?"라고 하면, 우리 팀 전원이 손을 든다.
(2) 절대로 졸지 않는다.
(3) 노트에 교관의 이야기를 꼼꼼하게 적는다.

만약에 대비하여, "질문하세요", "졸지 마세요", "필기하세요"라는 지시용 회람카드도 작성했다.

나는 필사적으로 필기했다. 노트에 적으면서 컬러 펜으로 중요 항목을 표시하고, 질문도 생각했다. '한마디도 놓치지 않을 테야'라는 눈빛으로 교관을 쳐다보았다. 이것이 졸음을 쫓는 최고의 방법이다.

"질문이 있습니까?"라고 교관이 물으면 귀찮으리만큼 우리 팀은 손을 들었다.

이렇게 넘치는 의욕, 상대방을 무너뜨리려는 기세로 임하는 팀이 있으면, 다른 팀 입장에서는 상당히 귀찮은 존재가 되겠지만, 그래도 전체적으로는 그야말로 연수 분위기가 무르익는다. 이는 교관에게 있어서도 아주 좋은 환경이다. 기왕에 받는 연수라면, 확실하게 배우자는 것이 내 생각이었다. 적극적으로 배우려고 하면 연수도 상당히 재미있는 법이다. 지고 이기고의 문제만이 아니다.

우리 팀은 졸음을 쫓으면서 질문, 모델 참가를 계속했기 때문에 눈에 띄는 것이 당연했다.

하루를 마치고 모두 함께 회식을 했다. 연수센터에서도 맥주를 마실 수 있었지만 나는 한 잔으로 그만두었다. 아직 할 일이 남아 있었다.

방에 돌아간 후 노트에 메모한 것을 전부 워드 프로세서에 입력했다. 큰 프린터가 달린 워드 프로세서를 연수센터에 가지고 들어왔던 것이다. 워드 프로세서로 그날의 연수 회의록을 작성하고 나서야 잠자리에 들었다. 어떤 방에서는 밤늦게까지 사람들의 이야기 소리가 들렸다.

연수 노트 활용법

20명을 5개 팀(1팀 4명)으로 나누어, 우승 팀을
결정한다.

팀 리더를 정할 때
"내가 리더가 되겠다"고 말한다.

거래나 협상도 마찬가지로
승자의 자세를 취한다.

내가 속한 팀 :

나

연장자

동갑

연하의 직원

팀원에게 회람을 돌린다.

1. "질문 있습니까?"라고 하면 반드시
   우리 팀 전원이 손을 든다.
2. 절대로 졸지 않는다.
3. 노트에 교관의 이야기를 꼼꼼하게 적는다.

지시 회람카드 작성

"질문하세요"

"졸지 마세요"

"필기하세요"

연수 노트의 작성

1. 열심히 노트에 필기하면서
2. 컬러 펜으로 중요 부분을 마킹
3. 질문도 생각하며 적는다.
4. 하루를 마치면 그날의 연수 회의록을 컴퓨터로 작성하여
   다음날 팀원에게 배포한다.

연수 포인트

노트를 바탕으로 이해 · 학습을 진행한다.
얼마나 자세하게 내용을 이해하고 필기하고 있는가가 포인트이다.
열심히 하는 그룹이 있으면 다른 그룹도 자극을 받아 긴장감을 형성하고
연수 내용이 충실해진다.

다음날 아침, 교관이 들어오자마자 이렇게 말했다.

"어젯밤에는 옆 방이 시끄러워서 잠을 자지 못했습니다. 그럼 어제 세미나의 내용에 대해 시험을 보겠습니다."

'역시 생각했던 대로군.'

나도 모르게 만세를 부르고 싶었다.

어제 회의록은 이미 팀 전원에게 배포했던 터였다. 팀별로 묻는 질문도 어렵지 않게 통과했다. 이렇게 완전한 싸움을 계속하며, 졸고 있는 팀원을 '깨우라'고 지시하고, '더 많은 질문을 하라'고 재촉하며 바삐 움직이다 보니 1박 2일의 연수는 금방 지나갔다. 당연한 일이지만 우리 팀은 우승했다. 팀 전원이 기뻐하고, 좋은 추억이 되었다.

연수라는 것은 노트를 바탕으로 이해하고 학습을 진행하는 것이기 때문에, 얼마나 상세하게 내용을 이해하고 적어두는가가 핵심 포인트가 된다.

더욱 중요한 것은 열심히 하는 팀이 있으면, 다른 팀도 영향을 받아 열심히 하게 되고, 그것이 긴장감을 형성하기 때문에, 연수 내용이 확연히 충실해진다는 것이다. 나중에 들은 얘기로는, 그 다음 해에는 다른 영업 부서가 연수를 받았는데, 연수자들과 교관 사이에 연수 내용에 대한 의견이 일치하지 않아 중도에 끝나버렸다고 한다. 그때 교관이 이렇게 중얼거렸다고 한다.

"작년에는 좋았는데……."

POINT

▶연수 노트의 핵심◀

1. 제일 앞에 앉을 것.

2. 지각하지 말 것.

3. 졸지 말 것.

4. 노트에 자세하게 메모할 것.

5. 자꾸자꾸 질문할 것.

6. 그날 중에 복습할 것.

7. 연수 보고서를 작성할 것.

8. 업무에서도 팀 단위로 경쟁하면 팀원 간에 서로 돕게 되어, 연대감이나 결속감이 형성된다.

새로운 부임지에서의 연구 노트

업무 계획 노트

미쓰이 물산에 입사한 이래, 새로운 근무지, 새로운 부임지로 발령을 받을 때마다 가장 먼저 하는 일이 있다. 새로운 노트를 만드는 일이다. 여기에 여러 가지 사항을 메모하면서 새로운 근무지에서의 업무를 준비하곤 한다.

예전에는 새로운 노트의 표지에 '○○부임 미팅'이라고 제목을 붙이고 이름, 날짜, 시간을 적었다. 최근에는 연속 노트를 사용하고 있기 때문에, 새로운 페이지에 결의표명의 하나로 주재 계획을 적어넣는다.

'사우디아라비아 리야드 주재 계획을 입안한다.'

'베트남 하노이 주재 계획을 입안한다.'

'네팔 카트만두 주재 계획을 입안한다.'

새로운 부임지가 내정된 순간부터 업무를 계획하기 시작한다. 여러 가지 가능성이나 걱정이나 희망 사항을 머릿속에 떠오르는 대로 노트에 적어간다. 네 번에 걸친 17년이 넘는 해외 근무는 모두 내 인생의 중대사였다. 바야흐로 노트가 활약할 때인 것이다.

이것은 단순히 정신을 바짝 차리려는 의식뿐만이 아니다. 계획의 입안 그 자체이다. 새로운 부임지가 내정되면 갖가지 생각들이 떠오른다. 머릿속에 떠오르는 부임지에서의 업무나 생활의 가능성을 노트에 적어갔다. 이렇게 머릿속에 떠오르는 것을 적지 않고서는, 새로운 부임지로 뛰어들 수가 없었다. 불안을 해소해주는 '새로운 부임지에서의 연구 노트'라고도 할 만하다.

상사의 경우, 전근 발령이 나면 보통 한 달 내로 출발하게 된다. 그래서 한 달의 달력을 칸을 나눠서 노트를 펼친 면의 2페이지에 걸쳐 적어간다. 그리고 대략의 일정을 적는다.

1978년, 나는 서아프리카의 라고스에서 사우디아라비아의 수도인 리야드로의 부임 소식을 들었다. 아프리카에서 갑자기 중동으로 전근하려면, 아무래도 준비하는 데 시간이 걸릴 것이라고 본사에서 고려해주어서 일본에 잠시 귀국했다. 사우디아라비아에 가져갈 물품을 생각하면서 떠오르는 아이디어를 노트에 적어갔다.

- 책을 많이 가져간다. 문고를 많이 구입해서 지참한다(실제로 15만 엔어치의 문고를 구입하여 가져갔다).

- 수동식의 중고 슬롯머신과 구슬 300개(현지에서 공사를 하는 사람들에게는 최고로 반가운 선물이었다.)
- 전동 목수도구(이것으로 책장, 테이블 등 뭐든지 만들었다.)
- 떡 치는 기계
- 비디오(당시에는 귀했다.)
- 고다츠(일본의 실내 난방 장치의 하나. 나무 틀에 화로를 넣고 그 위에 이불, 포대기 등을 씌운 것인데, 이 속에 손, 무릎, 발을 넣고 녹인다 - 옮긴이)
- 아이들의 교육 문제

25년 전의 일이지만, 여러 가지 편리한 정보기기가 개발된 요즘에도 새로운 일을 시작할 경우의 기본 원안을 작성할 때는 컴퓨터보다 노트가 더 사용하기 편한 것 같다.

시간이 지날수록 계획의 내용은 점점 상세해지는 법이다. 문장의 여백에 펜으로 상세하게 추가 기입하고, 세부 항목들이 마치 서로 어깨가 맞닿을 정도로 치밀한 계획이 되어간다. 동쪽에 아랍에 대해 잘 아는 사람이 있으면 이야기를 들으러 가고, 서쪽에 사우디에서 귀국한 지 얼마 안 되는 사람이 있으면 찾아가 면담을 부탁한다. 이렇게 해외 부임 전의 노트는 여러 가지 호기심과 불안이 담긴 것이 되어간다.

사우디아라비아에 부임한 당시는 컴퓨터는 물론 워드 프로세서조차 없었다. 지금이라면 손쉽게 컴퓨터에 입력하겠지만 당시 사우디아라비아에서의 신규 안건은 우선 노트에다 작전을 세웠다. 영어로 쓰는 계획서라면 타이프라이터가 있었지만, 일본어의 경우는 워드 프로세서나 컴퓨터가 없어서 노트에 적을 수밖에 없었던 것이다.

나의 경우, 먼저 노트에 쓰는 버릇은 컴퓨터를 자유롭게 사용할 수 있게 된 지금도 여전하다. '네팔의 농업 개발과 수출을 생각한다'라는 생각이 떠오르면, 우선 노트에 적어둔다.

그 발상의 여백으로 3줄에서 4줄 정도 남겨둔다. 오른쪽 끝은 여백이다. 이 여백이 중요한데, 떠오르는 대로 단어라도 좋고 문장이라도 좋으니 적어간다. 단, 쓴다고 해도 그 시기는 때에 따라 다르다. 발상의 내용을 쓴 그날에 쓰는 일도 있지만 다음날에 아이디어가 떠오를 때가 있고 3주가 지나서 갑자기 생각이 떠올라 적게 될 때도 있다. 그야말로 생각이 날 때마다 적어가는 것이다.

이 '추가 기입 메모 방식'이 가능하다는 것이 노트의 특징이다. 노트에는 그야말로 여러 사람이 글을 모아 쓴 것처럼 차츰 발상의 기록이 쌓인다. 그래서 나는 '추가 기입 메모 방식'을 별칭 '발상 집단 기입 방식'이라고도 부르고 있다.

물론 작은 수첩에 발상을 기록하는 깃도 가능하겠지만, 노트에 비해 지면의 여유가 없다. 최근의 PDA에는 이 '추가 기입 메모 방식'에 가까운 기입 방법이 가능해진 것도 있다.

나의 경우, 이 '추가 기입 메모 방식' 덕분에 발상이 몇 주에 걸쳐서 쏟아져 나온다. 억수같이 오는 비처럼 수많은 발상이 쏟아질 때가 있고, 남은 찌꺼기로부터 억지로 발상을 짜낼 때도 있다. 추가 기입 방식은 발상의 샘물과 같은 것이다.

컴퓨터를 이용할 경우, 컴퓨터 화면의 첫 페이지에 '네팔의 개발계획을 생각한다'라고 한 줄 썼다고 해도, 더 이상의 발상이 당장 나오지 않으면 파일을 닫아야 한다. 간단한 한 줄의 문장 파일을 보관하고, 또다시 접속하는 것은 상당히 귀찮은 일이다.

아주 가난한 농업국 네팔에서는 어떤 농작물이 만들어지고, 그것들이 어디로 수출되거나 소비되는지를 조사할 필요가 있다. '수출품을 생각한다'라고 노트에 첫 발상을 적은 후, '농작물에서는 무엇을 수출할 수 있는지 생각한다', '네팔에서 농작물의 제철은 언제인가', '비행기로 수출할 수 있는 고급과일은 없는가' 등을 별개의 발상으로 다루기 위해 몇 줄 띄어놓고 적어둔다.

몇 주 동안 머릿속에서 구상하고 생각해낸 것을 무엇을 어떻게라는 식으로 머리를 짜내 보충하면서 계속 적어간다. 공간이 모자랄 때는 다른 페이지에 항목을 만들거나, 그때야말로 컴퓨터의 도움을 받는다.

아마 쿡 선장의 항해일지나 다윈의 항해 · 관찰일지도 노트였을 것이다. 모든 모험의 시작은 한 권의 노트로부터 시작한다고 해도 과언이 아니다. 모든 사람의 인생도 실은 모험으로 넘쳐 있다. 그것은 적어둘 만한 것이다.

당신도 무언가 새로운 일을 시작하고 있다면, 우선 노트를 마련하라.

POINT

1. 자신에게 맞는 노트를 찾아라.
2. 항상 노트를 가지고 다니는 습관을 몸에 익혀라. 노트북과 함께 가지고 다녀라.
3. 무엇이든지 떠오르는 아이디어가 있을 때마다 노트에 적어두라.
4. 새로운 일을 시작할 때는 우선 노트에 적어보라.
5. 노트는 날짜와 페이지 번호를 써서 영구 보관하라.
6. 몇 줄의 여백을 채워나가는 '추가 기입 메모 방식'은 발상을 키 워나가기에 매우 유용하다.

노트를 관철하는 뼈대를 만든다

노트를 잃어버리지 않는 요령

노트건 수첩이건 어느새 사라져버리는 이유는 무엇일까? 회의 후에, 어딘가에 두고 오거나, 서랍 속에 보관해뒀을 텐데 아무리 찾아봐도 보이지 않을 때가 있다.

특히 수첩은 크기가 작아서 전철 속에서 떨어뜨리거나, 공중전화 부스에 두고 오는 경우가 흔하다. 누구나 깜빡 실수할 수 있다. 나 역시 젊은 시절에는 종종 노트나 수첩을 잃어버리는 경우가 있었다. 전화번호를 모두 적어놓은 수첩을 잃어버리면, 그후 몇 개월간은 지옥의 나날이었다. 수첩에 적힌 스케줄이 모두 생각날 리가 없다. 약속은 잊어버려서 지키지 못하고, 무엇보다 치명적인 일은 겨우 입수한 고객 회사 담당자의 직통 전화번호가 한순간에 사라지는 것이었다.

그러다가 37세 때 지금 쓰고 있는 것과 같은 A5 크기의 노트로 바꾸었다. 그후 20년간 한 번도 노트를 잃어버린 적이 없다. 현재의 267권이 될 때까지 한 권도 빠짐없이 남아 있다. 물론 노트를 잃어버리지 않도록 주의한 것도 사실이지만, 어디를 가든 항상 가지고 다니는 노트를 20년 동안 267권이나 되도록 한 권도 잃어버리지 않은 것은 내가 생각해도 기적에 가깝다.

20년간의 체험을 통해, 노트를 잃어버리지 않게 된 데는 두 가지 요인이 있다는 것을 알았다. 우선 첫 번째는 노트를 항상 가까이 두라는 것이다. 손 근처, 무릎 가까이 두는 습관을 가지고 어디서든 자신의 몸 가까이에 두면 노트를 쉽게 잃어버리지 않게 된다. 노트를 잃어버렸다고 해도 금방 알아차려, 다시 찾으러 갈 수 있다.

A5 노트를 사용하기 시작할 무렵에는 아직 몇 권의 노트밖에 쌓이지 않았고, 노트를 잃어버리면 안 된다는 마음가짐도 없었다. 그런데 노트가 10권이 넘고, 책장에 일렬로 나란히 진열되었을 때, 노트에 대한 마음도 각별해져서 '이 노트를 잃어버릴 수 없다. 잃어버려서는 안 된다. 잃어버리는 것은 인생에 있어서 타격'이라고 생각하게 되었다.

나와 같이 덤벙거리는 급한 성격의 사람은 물건을 잃어버리는 일도 있다. 그 와중에도 노트만은 지키리라는 다짐도 각별했지만, 어느 정도 운도 따랐을 것이다. 여행 중에는 여권과 노트를 세이프티 박스에 넣어두는 경우도 있다.

노트의 뼈대 만들기

노트에는 '뼈대(Backbone)가 되는 것'을 적고, 그것을 계속하는 것이 중요하다. 나의 경우, 노트의 뼈대가 된 것은 매일 적는 발상이었다. 그후 일기도 덧붙여 쓰게 되었다. 전화기록이나 중요한 연락처 등의 파일도 더해졌다.

특히 매일 지속적으로 쓰는 발상은 모두 나만의 독창적인 것이었기 때문에, 내가 낳은 자식과 같아서 결코 잃어버리고 싶지 않았다. 잃어버리지 않도록 세심한 주의를 기울인 것은 앞에서 말한 바와 같다.

노트에는 회사의 긴급 연락처 리스트, 과거 4년 동안 받은 명함 리스트(명함 리더로 스캔한 리스트), 카트만두의 일본인회의 명단(지금은 해외부임 생활 중이기 때문에), 여권의 복사본 등이 들어 있다.

나의 정보는 크게 세 가지로 나눌 수 있다.

(1) 수많은 노트에 적어둔 발상, 전화관련 정보
(2) 컴퓨터 계통의 파일 데이터
(3) 출판된 21권의 책 원고

이들 중 컴퓨터에서 작성한 파일도 15년간의 분량 정도는 어떠한 형태로든 남겨왔지만, 그것보다도 일관된 것이 노트에

노트의 뼈대 만들기

1. 일기나 아이디어, 감상, 시, 스케치, 에세이 등을 노트에 매일 적음으로써 노트의 뼈대를 만든다.

2. 전세계 어디든 이 노트만 있으면 일할 수 있는 이동 사무소의 기능을 포함한 필요자료를 노트에 끼워둔다.

예) 나의 노트의 뼈대
- 매일 기록해둔 발상
- 일기
- 전화기록
- 중요한 연락처
- 여권의 복사본

나의 노트의 내용
- 회사의 긴급 연락망
- 과거 4년 동안 받은 명함 리스트
- 카트만두 일본인회 명단
- 여권 복사본 등

적어둔 발상이다.

업무와 관련된 발상의 기록은 업무 회의록과 함께 극히 실전적인 작전서가 되고 있다. 이렇게 중요한 것을 어딘가에 두고 잃어버린다는 것은 상상할 수 없는 일이다. 가끔 노트를 잃어버리는 악몽을 꿀 정도이다.

나의 경우, 노트의 뼈대가 된 것은 '발상'이었는데, 반드시 발상일 필요는 없다. 노래 가사든 짧은 시든 상관없다. 간단한 스케치도 좋다. 짧은 에세이라도 특정한 노트에 계속 써나가면, 뼈대가 만들어진다. 뼈대가 있기 때문에 잃어버리지 않기도 하고, 잃어버리지 않기 때문에 뼈대가 만들어지기도 한다.

전세계 어디에 가더라도 나는 이 노트만 있으면 일할 수 있다. 그야말로 노트는 이동 사무소의 핵심이다.

POINT

▶노트를 잃어버리지 않기 위한 포인트◀

1. 출퇴근시 노트를 잃어버리지 않도록 만전을 기한다.
2. 통근시, 외출시에는 가방을 절대로 전철의 짐칸에 놓지 않는다. 다리 밑, 다리 사이, 또는 무릎 위에 놓는다.
3. 공중전화 부스 안에서는 노트를 받침대에 올려놓지 않는다. 번호를 찾고 나면 재빨리 가방 속에 넣는다. 점심식사 때도 테이블 위에 두지 않는다. 역시 무릎 위에 둔다.
4. 출장시 노트를 손에서 놓지 않는다.
5. 이름과 주소를 써서, 노트의 안쪽 주머니에 넣어둔다.

▶사용법의 포인트◀

1. 일기나 발상, 감상, (시, 에세이 등의)창작을 노트에 매일 적음으로써 노트의 뼈대를 만든다.
2. 노트에 개인의 전화기록을 포함시킨다.
3. 어디에서든 작은 사무실을 차릴 수 있을 정도의 기능을 가진 필요한 자료를 노트에 끼워넣는다.

노트 사용법에 따른 분류

어릴 때부터 나는 노트를 굉장히 좋아했다. 문방구 가게가 좋아서, 학교에서 돌아오는 길에 들러 여러 가지 물품이 복잡하게 진열된 선반을 바라보곤 했다.

수첩보다도 노트를 좋아했다. 새로운 노트의 첫 번째 페이지를 펼치는 것은 몸이 짜릿할 정도로 기분이 좋았다. 엷은 쥐색 노트의 표지를 펼쳐, 첫 번째 페이지의 노트의 접힌 부분을 손바닥으로 문지른다. 마치 새로 산 커피의 포장을 뜯었을 때와 같이 시원하고 정신이 바짝 드는 듯한 기분이었다.

중학생이 된 기념으로 선물 받은 만년필로 노트에 글을 쓰기 시작했을 때, 앞의 것과 뒤의 종이 품질이 다르다고 믿었다. 처음 세 페이지 정도는 잉크가 스며드는 감촉이 달랐기 때문이다. 글씨도 더 반듯하게 쓰이는 것처럼 느껴졌다. 새 노트를 쓰는 마음가짐이 좋은 의미에서 긴장감을 준 것 같다. 반대로 말하면, 뒤로 갈수록 복잡하고 난잡하게 쓰고 있었다는 말이다.

문자 암기와 계산 노트 : 1차 노트

초등학교 1학년이라면 누구나 글자 쓰는 연습을 하는 칸이
큰 노트가 있다. 표지에는 꽃이나 자동차 등의 사진이 붙어 있
다. 그러다가 중학생이 되면 영어 알파벳 연습 노트를 산다. 많
은 사람들에게, 글자 쓰기 연습 노트가 노트와의 첫만남이 아
닐까? 한자를 공부하기 위한 노트도 마찬가지이다.

문자, 한자, 영어 단어 등을 외우기 위한 것이거나 계산 연습,
문제 해답용의 노트를 '1차 노트'라고 나는 부르고 있다. '1차
노트'는 좀처럼 보관되는 일이 없다. 이 연습 노트들은 반드시
노트의 형태를 가지고 있지 않아도 상관없다. 쓸 수 있는 여백
만 있다면 광고 전단지 뒷면을 사용할 수도 있다. 옛날 같으면
커다란 나뭇잎, 석판, 땅바닥까지 글씨 쓰기 연습장으로 사용
할 수 있었다. 광고 전단지의 뒷면 등은 고급의 부류에 들었을
것이다.

문자를 적어둔 광고 전단지를 보관하는 일이 없듯이, 이러
한 종류의 노트는 특정 기간 동안에 기억한다는 목적이 달성
되면 처분되는 경우가 많다. 계산 연습용 노트에 이르면 버려
지는 경우가 더 많을 것이다. 1차 노트의 특색은 이처럼 영구
보존되는 일이 없다는 것이다.

기록 노트와 기념 노트 : 2차 노트

기록이나 기념을 위해 적어두는 노트가 '2차 노트'이다. 이 중에는 일기도 포함된다. 연구관찰 노트나 도서관에서 빌려온 책의 비망록 노트도 2차 노트이다.

이 같은 기록용 노트는 원래 장기 보존할 목적으로 쓰기 시작하지만, 세월이 흐르면서 분실하거나 버려지는 경우가 많다. 보통은 졸업, 이사, 결혼 등의 계기로 없어진다. 이처럼 2차 노트의 특징은 보존할 목적이었지만 어느새 분실되는 경우가 많다는 것이다.

그러나 최근에는 자녀 수가 적어지고 교육열은 날로 높아지는 현상 때문인지 많이 달라졌다. 아이가 어렸을 때의 기록 노트는 박스 등에 넣어두었다가 꺼내보기도 하고, 아이가 학교를 졸업하고 취직한 후에도 보관하는 일이 많아졌다.

사고의 도구로서의 노트 : 3차 노트

'3차 노트'는 발상이나 연구 등 자신의 생각을 남기는 것이다. 2차 노트와 3차 노트가 혼재되는 경우도 있다.

학교 공부용 노트는 1차 노트와 2차 노트가 복합되어 있다. 대부분의 학생은(대학생이라도) 노트라고 하면 1차, 2차 노트의 복합을 생각한다. 3차 노트를 가지는 일이 드물다.

일기는 2차가 되기도 하고 3차가 되기도 한다. 단순히 '어디에 가서 무엇을 먹었다'는 것뿐만 아니라 '어떻게 생각했다'는 것을 적으면 사고 노트가 된다. 일기라고 해도 자신이 평생 남기려는 목적에서나 남이 볼 가능성을 생각해서 쓰는 것은 3차 노트가 된다.

자기가 생각한 것을 기록으로 남겨둔다는 것은 그렇게 어려운 일이 아닐 텐데, 대부분의 사람들은 3차 노트를 사용하지 않는다. 기록이나 회의록을 적은 2차 노트의 여백에 자신의 아이디어나 의견을 적어두면, 다른 기록 속에 묻혀버리는 경우가 있다. 발상이 기록에 눌려서 버려지는 일이 상당히 많다.

이러한 일이 없도록 2차 노트와 3차 노트는 명확하게 구분해서 사용해야 할 것이다. 그것이 귀찮을 경우에는 3차 노트(발상이나 생각)의 내용 속에 2차 노트의 내용을 적으면 된다. 3차의 발상이 주가 되는 노트라면 처분할 생각이 쉽게 들지 않을 것이고, 그만큼 버려지는 일도 없다.

POINT

1. 1차 노트는 되도록 자원을 아껴 사용한다.
2. 1차 노트를 2차, 3차 노트와 혼합하지 않는다.
3. 3차 노트에 2차 노트의 내용을 함께 쓰는 것이 요령이다.
4. 3차 노트야말로 인생의 가치를 향상시킬 수 있다.
5. 2차, 3차 노트에는 기록하는 날짜를 반드시 기입한다.

아이디어를 활용하는 기획 노트

내가 대학교 2학년 때, 교토에 사시는 아버지의 기모노 사업이 도산했다. 아버지가 부주의하게도 친구의 어음 연대보증인이 되어, 친구가 도산하자 아버지도 더 이상 손을 쓸 수 없게 된 것이다. 힘든 체험이었지만 가르쳐준 것도 많았다. 최악의 상태가 된 우리들로부터 빼앗아가듯이 가져가는 거래처가 있는가 하면, 눈물이 나올 정도로 따뜻한 지원을 해주며 아버지의 사업 재건을 지지해준 거래처도 있었다. 그러한 사람들 덕분에 아버지는 재기에 성공할 수 있었다.

그때 나는 아버지의 사업 재건안에 대해 생각했다. 대학교 2학년 말의 일이었다. 아버지가 나한테 부탁한 것도 아니었지만, 아버지가 회사를 일으켜세우는 데 성공했다고 해도 과거와 같은 방식으로 일을 해서는 안 될 것이라는 나름대로의 판단이 있었던 것이다.

어느 주말, 근처 다방에 앉아서 새로운 노트의 첫 페이지에 '사업 재건과 전망'이라고 적었던 기억이 난다.

며칠 후, 아버지는 내가 휘갈겨쓴 제안서를 읽으시더니, "이 판매 방법은 재미있구나" 하고 중얼거리셨다. 35년 전의 일이다.

아버지가 고개를 끄덕였던 것은 기모노의 토털 패션을 주장한 부분이었다. 기모노를 만들면 으레 천이 남게 된다. 남은 천을 사용하여 기모노의 소품이나 허리끈, 핀, 핸드백이나 신발을 같이 만드는 서비스를 제안했던 것이다. 아버지는 그것에 '맞춤'이라는 이름을 붙였다. 아버지가 실험적으로 시도하려 했던 것을, 나는 가장 중요하다고 지적하여 이 부분의 시장의 성장 가능성과 이익률이 높다고 주장했던 것이다.

아버지는 사업을 재개하면서 이 '맞춤' 부문을 큰 축의 하나로 삼았다. 포목점과 연계하여 기모노와 주변 소품의 토털 패션을 결정하는 작업이었다.

값비싼 기모노의 남은 천으로 만든 '맞춤'은 인기가 높았고, 아주 잘 팔렸다. 아버지의 사업은 급성장했다. 그러나 나는 뒤를 잇지 않고 대학 졸업 후 미쓰이 물산에 입사했다. 아버지도 내가 사업을 물려받기를 강요하지 않았고, 가게를 지인에게 양도하여 유유자적한 일생을 마치셨다.

그때 사업계획을 노트에 적은 것이 내 인생의 전환점이 되었다. 상사에 입사한 후, 나는 항상 노트를 휴대하게 되었다. 미팅을 하는 일이 많았기 때문이기도 하지만, 항상 가방에 노트를 넣고 다니는 것이 습관이 되었다.

여행이나 출장을 갈 때는 두꺼운 노트를 구입하여 가지고 다녔다. 여행지나 비행기 안에서 잠이 안 오면 노트를 꺼내 에세이 등의 문장을 쓰곤 했다. 해외 주재 등 새로운 부임지로 가면, 그곳에서의 장기 계획서를 작성하는 것이 업무를 시작하는 방법이 되었다.

나이지리아에 주재하고 있을 때, 나이지리아의 국철 업무를 수주한 적이 있다. 그때 나는 나이지리아 국철의 '20년 계획'을 입안했다. 서아프리카 횡단철도, 중앙 아프리카 횡단철도, 라고스 근교 환선철도 등 여러 가지 제안을 했다.

리야드에 주재했을 때도, 사우디아라비아의 개발계획으로 '30년 계획'을 세웠다. 사우디아라비아의 장대한 개발을 석유 수입을 배경으로 그렸다. 하지만 이 계획 속에는 큰 오산이 있었다. 사우디아라비아 정부가 방대한 석유의 대금을 자꾸만 국방 군사비에 사용했던 것이다. 이란·이라크 전쟁, 이라크의 쿠웨이트 침공 그리고 이에 대한 연합군의 개입 등 사우디아라비아를 둘러싼 정세의 심각성을 모두 고려하지 않았던 것이다. 복잡한 국제 관계가 없었다면, 세계 제일의 석유 산출국인 사우디아라비아가 지금처럼 빚더미에 오른 나라가 될 리 없다.

통신관련 회사에 파견되었을 때도, 근무가 시작되기 전에 그 회사의 장래 계획안을 내놓았다. 예상보다 훨씬 앞서가는 통신업계의 기술 혁신을 체험하면서도, 내가 속한 통신회사의 장래성에 대해 적극적인 전망을 가지고 있었다.

네팔에서는 네팔산 상품 수출의 3년 계획을 세웠다. 네팔은 아름다운 자연이 있어 관광에는 적합하지만 수출을 하려면 극히 제한된 자원밖에 없다. 네팔 경제 진흥을 위한 발상은 모두 나의 아이디어 노트에 적혀 있다.

노트를 항상 휴대하고 있으면 노트는 자신이 만든 항해지도가 된다. 인생에서 무슨 일이 일어날지는 아무도 모른다. 인생의 지도를 처음부터 준비하는 것은 어렵다. 모든 사람의 인생이 미지의 바다를 처음 항해하는 것과 마찬가지로 수심이나 안전한 항로는 해도에 기록되어 있지 않기 때문이다.

POINT

1. 주제를 정하여 기획서를 만들어보자. 주제는 업무 관련이든 개인적인 일이든 상관없지만, 우선은 노트에 적어보라. 컴퓨터를 사용하는 것은 그 다음이다.
2. 인생의 중대사에 대한 기획서를 작성해보자.
3. 업무 기획서도 처음에는 노트에 적어보자. 머릿속의 생각을 정리정돈할 수 있다.
4. 가계의 장기 기획서도 노트에 적어보자.

2

인생을 바꾸는
통합 노트 사용법

통합 노트에 무엇이든 써넣는다

업무와 생활의 중심에 있는 내 노트에 '통합 노트(Integrated Notebook)'라고 이름을 붙였다. 발상을 적어두기 위한 지면과 업무와 생활에서 필요한 정보 자료를 통합했기 때문에 통합 노트라고 부르는 것이다.

노트와 컴퓨터 그리고 통신수단만 있으면 전세계 어디에서나 일상생활이 가능하고 업무도 수행할 수 있다. 그중에서도 기본이 되는 것은 역시 노트이다. 노트만 있으면 헛된 시간은 전혀 없다. 업무의 공백이나 자투리 시간이 생겨도, 노트가 있으면 나름대로 충실한 시간을 보낼 수 있다. 그래서 나는 늘 통합 노트를 가지고 다닌다.

한 권의 노트를 모두 사용하면, 다음에도 같은 종류의 노트에 쓰기 시작한다. 다른 종류의 수첩, 다른 종류의 노트에는 쓰지 않는 것이 좋다. 같은 종류의 노트에 시간순으로 일과 사생활을 구분하지 않고 계속 써나가는 것이다.

노트에는 무엇을 적어도 좋다. 아이디어, 메모, 일기, 회의록, 가계부, 스케치 등을 모두 노트에 담는다. 가끔은 아내 흉도 써본다.

흘러가는 시간순으로 모든 것이 노트에 담기게 된다. 그래서 절대로 잃어버릴 수 없는 노트가 된다. 같은 노트를 사용하는 것이 노트를 잃어버리지 않는 비결이다. 만약에 현재 사용하고 있는 노트를 분실해도, 이전까지의 노트는 남아 있는 것이다.

내가 존경하는 친구인 S씨가 항상 하는 말이 있다.

"히구치, 언젠가 이 세상이 최악의 에너지 위기를 맞아서 깜깜한 밤이 된다고 해도 나는 괜찮아. 내게는 피아노가 있기 때문이지. 피아노만 있으면 나의 시간도 인생도 문제 없어."

나의 경우, 모두 노트에 통합하고 있기 때문에 노트만 있으면 아무 문제 없다. S씨의 경우처럼 정신적으로 의존할 수 있는 지주를 하나쯤 가지고 있다면 정말 마음이 든든하다. 그것이 내 경우는 노트이다(자원 위기가 닥쳐서 노트도 없어지는 시대가 온다면 큰일이지만).

무인도에 가는데 뭔가 한 가지만 가져갈 수 있다면 나는 한 권의 노트를 가져가겠다고 말하겠다. 내 인생에서 남길 수 있는 최대의 재산은 모든 발상의 기록이 담긴 노트이다. 내가 사용해온 노트는 마루맨(MARUMAN) 사의 A5 파일 노트 20홀 F-286과 리필이다.

통합 노트를 사용함으로써 다음과 같은 일들이 가능하다.

통합 노트

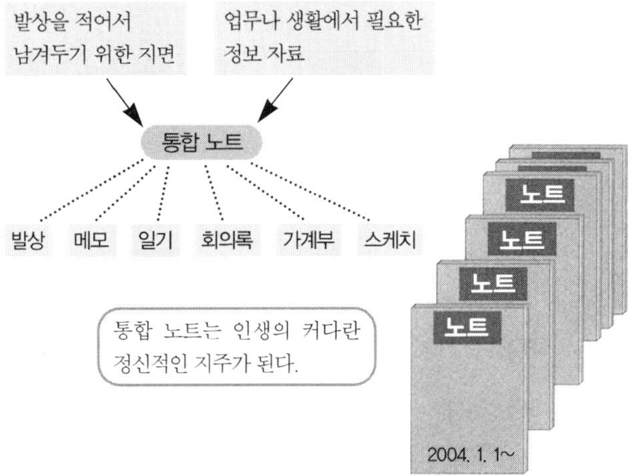

(1) 인생의 지침을 스스로 만들어 나갈 수 있다.

(2) 뇌를 자극하여 상상력이 풍부해진다.

(3) 기억력을 보완해준다.

(4) 자신의 생각, 체험, 아이디어를 노트에 적어서 남긴다는
   것은 우리가 살아가는 데 믿을 수 없을 만큼 중요하다.
   적어보고 난 후에야 처음으로 알 수 있다.

노트가 가장 안전하다

　나는 노트 애용가이지만 해외에서의 내 별명은 '가제트 히구치(새로운 도구의 히구치)'였다. 온갖 종류의 첨단 전자기기를 사용해왔기 때문이다. 과거 수십 년 동안, 나를 거쳐간 워드프로세서와 컴퓨터만 해도 수십 대다.

　내 주변에는 노트북, 디지털 카메라, 기타 전자기기가 여전히 넘쳐난다. 최첨단의 기기들이지만, 고장이 나서인지 기술의 발전이 빨라서인지 몇 년도 채 가지 않는다. 우리 집의 세 아이들은 내가 뭔가 새로운 기기를 구입하면 그 전까지 사용하던 것이 누구 차지가 될 것인지 나를 빼놓고 자기들끼리 다툰다고 한다.

　그런 내가 왜 로(low)테크의 상징이라고도 할 수 있는 노트에 기록하는 것을 여전히 고집하는가?

　컴퓨터 데이터나 디지털 카메라의 사진 데이터는 되도록 백업을 받아 보관하고 있지만 전자 데이터는 불안전하다. 노트북은 실수로 떨어뜨리거나 사용하고 있는 도중에 부서지거나

HDD가 폭주해버리면 기록이 전부 날아가버린다. 보존에 관해서는 여전히 노트가 안전하다. 불이 나지 않는 한 노트는 남는다.

한 번은 카트만두의 집에서 청소를 하고 있던 아주머니가 실수를 해서 그만 노트 한 권을 물이 담긴 양동이에 빠뜨린 일이 있었다. 다소 종이가 우그러지긴 했지만, 노트의 문자를 알아보는 데는 문제가 없었다.

하이테크 기기와 로테크의 산물인 노트의 조합은 절묘하다. 내 주위를 거쳐간 전자기기는 지금 생각하면 어디까지나 노트의 주변기기였다.

노트가 항상 중심에 있었기 때문에 때로는 새로운 첨단기기의 사용이 가능한 것이라고 확신하고 있다.

노트는 뇌의 기억 장소

　수백 권의 노트가 가지는 힘은 컴퓨터에 비할 바가 아니다. 좋아하는 에세이나 스케치도 노트라면 아주 쓰기 쉽다.

　집에는 큰 책장 2개에 과거의 노트가 모두 보관되어 있는데, 이것이 나의 가장 중요한 재산이다. 나의 외부의 뇌, 가장 가까운 나의 지성이다. 그 다음이 컴퓨터 속에 저장된 에세이와 논문 등이다. 그것들의 안전을 위해 CD-R이나 추가 외장 하드디스크에 백업을 하고 있다.

　사람의 사고는 뇌로부터 노트, 노트로부터 컴퓨터로 회전한다. 이 사이에 메모나 PDA, IC 레코더가 끼어 들어오는 경우도 있지만, 주요한 삼각형은 어디까지나 '뇌, 노트, 컴퓨터'이다. 이 삼자의 관계가 일관성을 유지하기 위해서는 노트와 자신의 시간, 자신의 인생을 평행상태로 유지하는 것이 중요하다. 돌려서 말하게 되었지만, 그것은 같은 노트를 계속 사용한다는 것이다.

　뇌에 있어서 노트는 가장 가까운 뇌의 백업이며, 그 다음이

노트는 뇌의 기억 장소

수백 권의 노트

컴퓨터

나의 가장 중요한 재산
나의 외부의 뇌
가장 가까운 나의 지성

컴퓨터 속에 저장된 에세
이류, 논문류. 안전을 위해
CD-R이나 외장하드에 백
업을 해둔다.

뇌에 있어서 노트는
가장 가까이에 있는
뇌의 백업.
그 다음이 컴퓨터이다.

노트가 뇌의 기억의 백업, 뇌의 일부라고 생각
하면 노트를 버릴 수 없다.

컴퓨터이다. 노트가 뇌의 기억의 백업이라고 생각하면, 결코 노트를 버릴 수 없다. 누가 자신의 뇌의 일부를 없애는 걸 견딜 수 있겠는가?

다목적 노트의 역할

내 노트에는 업무와 개인적인 일이 모두 기록되어 있다. 업무 내용, 원고, 회의록, 문장, 일기 등을 적어두고 있다. 또 내가 오랫동안 해오고 있는 아이디어 마라톤도 함께 통합 노트에 기입한다.

노트의 역할은 그외에도 매우 다양하다.

① 전화기록

최초의 역할로는 전화기록의 기능이 있다. 나는 중요한 고객의 전화번호가 기록된 전화장을 컴퓨터에 저장하고 있는데, 1년에 2번 정도 업데이트하여 축소 인쇄한 후, 파일 노트의 간지 인덱스 종이에 붙이고 있다. 그 다음에 추가할 필요가 있는 전화번호는 손으로 여백에 적어넣었다가, 다음에 갱신할 때 컴퓨터에 입력하고 있다. 이 전화장은 PDA 내장 데이터와 연결하고 있다.

② 플래너

얇은 플래너를 수첩과 별도로 사용하고 있는 사람이 많지만, 따로 가지고 다니면 잃어버릴 가능성은 두 배가 된다. 파일 노트(통합 노트)의 제일 앞면에 커렉트(CORRECT) 사의 A5 크기의 주간 플래너를 끼우면, 공간도 많고 편리하다. 오랫동안 그렇게 사용해왔지만 지금은 플래너 기능을 PDA로 옮겼다.

③ 잡지 보관함

파일 노트의 뒷면에는 두꺼운 종이로 된 주머니가 달려 있어, A5 크기의 자료를 보관할 수 있다. 일반적으로 사용되는 서류나 잡지 크기는 A4(297mm×210mm)가 많기 때문에, 반으로 접으면 주머니에 보관할 수 있다.

나는 한 달에 10권 정도의 잡지를 구입하고 있다. 그중에서 흥미를 끄는 기사는 오려낸다. A4 크기의 잡지라면, 반으로 접어 통합 노트의 주머니에 보관할 수 있다.

수십 페이지의 잡지 기사를 잘라서 반으로 접으면 상당히 두꺼워진다. 통합 노트의 종이 주머니에 보관할 때도 있지만, 통합 노트의 양면 커버의 내부에 있는 주머니에 보관할 수도 있다. 이때 통합 노트는 마치 이동 잡지 보관함이 된다.

회사에서 구독하고 있는 잡지도 마찬가지로 업무 관련 기사를 오려서 보관하고 있다.

나는 전철을 타고 이동할 때나 자투리 시간에 이들 스크랩을 통합 노트에서 꺼내 읽는다. 평소에는 그다지 흥미가 당기지 않는 기사라도 기다리는 시간에 재미있게 읽을 수 있는 게 신기하다. 화장실에서는 철학서도 만화처럼 숙독할 수 있다.

④ 스크랩 북

통합 노트에는 두꺼운 종이로 된 주머니말고도 A5 크기의 클리어 파일(투명 포켓 파일)도 추가했다. 작은 서류나 정보 메모, 최근의 사진, 영화 예매권, 포스트잇, 아들이 그린 그림, 회사의 해외 사무소 소재지, 여권 사진 등도 항상 몇 장은 노트의 주머니 속에 넣고 다닌다.

신문 등의 스크랩을 보관하기 위해서 나는 A5 크기의 클리어 폴더 포켓을 사용하고 있다. 신문기사도 대부분은 오려내면 A5 크기의 클리어 폴더에 보관할 수 있다. 양이 많은 기사라고 해도, 접으면 들어간다. 과거의 클리어 파일 노트에는 수많은 신문기사가 보존되어 있어, 나의 귀중한 정보원이 되고 있다.

집에서 구독하는 신문의 경우는, 일단 가족들에게 양해를 구하긴 하지만 되도록 빨리 스크랩해두지 않으면, 며칠 후에는 어디로 갔는지 찾기 힘들어진다.

⑤ 명함 지갑

통합 노트를 활용하는 또 하나의 아이디어로 나는 명함을

10장 정도 클리어 파일에 넣어두고 있다. 노트가 한층 두꺼워지지만 그렇게 하면 명함이 떨어졌을 때 대처할 수 있다.

⑥ 필통

통합 노트에는 항상 페이지 중간에 펜을 끼워넣고 있다. 최근에는 내가 낸 아이디어 발상을 분류하여, 보기 쉽게 형광펜으로 표시를 해두고 있다. 지금 사용하고 있는 형광펜만도 다섯 가지이다. 이렇게 컬러 마킹을 하면, 통합 노트를 다시 볼 때 더욱 효과적이다.

⑦ 통합 노트에 무엇이든 넣는다

통합 노트에 어느 정도 물건을 넣을 수 있는지 도전해본 적이 있다.

두꺼운 플라스틱 지퍼가 달린 폴더를 몇 개 삽입하여, 그 속에 계산기, 전자 한자·영일·일영 사전, 여권 사진, 명함, 초소형 라디오, 여분의 단4 건전지, 금속자, 여분의 양말, 칫솔, 도넛 할인권, 'HIGUCHI'와 '히구치'라고 적힌 이름 스티커, 면봉 등을 넣어두었다. 그랬더니 나의 아이디어 노트는 15센티 정도의 두께가 되었다.

이 노트를 본 아내는 이렇게 보기 흉한 노트는 세상에 단 한 권도 없을 것이라고 말했다. 과연 잘 표현한 코멘트이다.

무슨 수를 써봐도 이 아이디어 노트에 합칠 수 없었던 것이

지갑이다. 나는 지갑을 항상 바지의 오른쪽 주머니에 넣고 다니는데, 현금은 많이 갖고 다니지 않는다. 돈이 있으면 신제품을 구입하는 데 몽땅 써버리기 때문이다.

그 대신 내 지갑에는 은행카드, 신용카드, 도서관카드, 각종 병원진료소의 진찰카드 등이 들어 있다. 그중 사용 빈도가 높은 것을 지갑에 남겨두고, 나머지 카드는 시판 명함 케이스 'PlusFL-105NC'에 넣은 후, 노트에 끼워넣었다. 이것으로 노트가 2센티 정도 더 두꺼워졌다.

부피가 두꺼워지니 다시 정리정돈할 필요가 있었다. 그래서 한때는 아이디어 노트를 두 권으로 나눈 적이 있었다. 한 권을 소프트웨어 부문의 아이디어 노트, 또 한 권을 하드웨어 부문의 아이디어 노트로 했다. 복잡한 호칭인데, 소프트웨어 부문이란 전화기록과 기술하는 것을 목적으로 한 노트이며, 하드웨어 부문이란 앞에서도 말한 스크랩 주머니나 전자사전, 라디오 등의 하드웨어를 넣도록 한 것이다.

게다가 노트의 다목적 이용을 위해서 노트의 뒷면에 다섯 가지 색깔의 형광펜, 과거에 써왔던 파일럿의 V콘펜 4개, 미니 스위스 군용칼, 미니 맥라이트, 커터칼도 집어넣었다. 또 얇은 금속성 명함 케이스에 매식 테이프를 붙여 평상시는 노트에 붙어 있으면서 매직 테이프를 떼어내면 단독 명함 케이스로 사용할 수 있도록 했다.

최근에 건강을 생각하지 않고 과식을 하다 보니, 콜레스테

롤과 중성지방의 수치가 약간 올라갔다. 이 때문에 식품의 콜레스테롤 수치 리스트가 나온 소책자도 긴급 도입했다. 이것으로 5센티 정도 더 두꺼워졌다. 마지막으로 두 권으로 나눈 노트를 매직 테이프 두 장으로 붙여서 한 권으로 만들었다.

그리고 또 합친 노트의 플라스틱 표지의 한쪽 구석에 펀치로 구멍을 뚫어 고리를 달고 소니 IC 레코더를 매달았다. 또 이 구멍에 휴대전화를 걸기도 했다. 이들 잡화를 보관하기 위해 보강용의 실이 든 플라스틱 폴더에 20개의 구멍을 뚫었더니, 그야말로 14센티미터 두께의 기이한 노트가 완성되었다.

여기에 더 추가하고 싶은 것이 있는데, 초소형의 액정 TV나 초소형의 재생전용 MD 워크맨이다.

최후의 도전도 아직 남아 있다. 세 번째 아이디어 노트를 붙여 클리에나 자우르스 같은 PDA나 초소형 모바일 기기, 휴대전화, 휴대용 팩스, GPS 등을 매다는 것이다. 아니, 솔직히 말하면 시도해보았다.

이 도전은 3개월 정도 유효했다. 무게도 서로 다른 여러 가지 하드웨어가 노트의 편이성을 향상시켜 노트의 파워를 더욱 증대시켰다. 그러나 어려운 점도 드러났다. 노트가 너무 두꺼워진데다 이것저것 여러 가지 물건이 달리다 보니, 노트라고 하기보다는 괴물에 가까워져서 가방에서 쉽게 꺼내지도 못하게 된 것이다. 엄청나게 무거운데다 제대로 접히지도 않았다. 그래서 어쩔 수 없이 나의 모험정신과 호기심을 자제하여 노

지금의 노트 속에 들어 있는 것

1. 노트 본체(마루맨 F-286과 주문 제작한 가죽 커버)
2. 카트만두 사무소에서 작성한 가이드북
3. 여분의 양말 (새것)
4. 여권
5. 여권 사진
6. 분실시의 연락처
7. 인간문화재인 카츠라베이초 씨가 보낸 엽서
8. 소니 진자사진
9. 둘째 아들이 그린 식물화
10. 아내와의 화투 승패기록
11. 우수 아이디어 표시용 스티커
12. 펜류(V콘펜, 유성 마커, 크로스 샤프)
13. 영수증을 넣은 봉투
14. 부적으로 넣고 다니는 1만 엔짜리 지폐
15. 미쓰이 물산 사무소 소재지
16. 히말라야 연봉 그림
17. 티백
18. 사무소 발행 사원증
19. 메모리 스틱 2
20. 미니 포스트잇
21. 면봉
22. 사무소 직원의 집 약도
23. 미니 맥라이트
24. 아내와 찍은 사진
25. 네팔 관청 출입증
26. 미니 CD-R
27. 전자계산기
28. 미니 스위스 군용칼
29. 스위스 군용칼(카드형)
30. 반창고
31. 목캔디
32. 1회용 인공 눈물
33. 당신의 명함
34. 여분의 명함
35. 남서아시아 관련 긴급 연락처
36. 과거에 받은 명함의 스캐너 OCR 리스트

트에 전자기기를 도입하는 것은 중단했다.

그러나 이것은 어디까지나 일시적인 퇴각이며, 앞으로 다기능의 초소형 고성능 전자기기가 만들어지면 다시 도전할 생각이다.

POINT

▶통합 노트 활용의 주의점 12가지◀

1. 언제, 어디에서나 노트를 휴대한다.
2. 무엇이든 적는다.
3. 수첩보다는 크고, 노트로서는 작은 사이즈를 선택한다.
4. 필기도구는 노트에 붙이고 다닌다. 여분의 펜도 가지고 다닌다.
5. 재빨리 적는다.
6. 시간순으로 적는다.
7. 노트에 무엇이든 넣는 것은 생각해볼 문제다. 무거워지면 사용할 수 없게 된다.
8. 그림도 그린다.
9. 일기를 노트에 쓴다. 일기장은 다음날 아침까지 쓴다. 자기만이 알 수 있는 기호나 암호를 사용해도 좋다.
10. IC사전을 휴대한다.
11. 포켓, 클리어 파일, 주소록도 넣어둔다. 주소록은 반드시 사본을 남겨둔다.
12. 분실하지 않도록 최선의 주의를 기울인다. 잃어버리면 최악의 사태이다.

3

수첩과 플래너는
A5 노트 한 권으로 충분하다

A5 노트의 장점

1980년부터 나는 수첩 사용을 중단하고 모두 A5 크기의 노트로 통일했다. 노트를 수첩처럼 가지고 다니는 것에 처음에는 저항감이 있었지만, 금세 익숙해졌다. 양복 안쪽 주머니에 들어가지 않는 것이 문제였지만, 여행을 가든 어디에 가든, 또 레스토랑에서 식사할 때도 A5 노트를 항상 가지고 다녔다.

지금은 A5 노트를 나의 수첩으로 생각하고 있다. 현재는 여기에 PDA가 추가되었다.

A5 노트의 좋은 점은 다음과 같다.

지면이 커서 쓰기 편하다

일반 수첩의 가장 큰 단점은 쓰는 공간이 작다는 것이다.

물론 기술적으로는 상당히 작은 공간에도 많이 적을 수 있다. 실제로 깨알 같은 글씨로 꼼꼼히 적어넣는 사람이 있지만, 읽기가 쉽지 않다.

나의 경우, A5 노트를 사용하고 나서 이 기입하는 공간의 문제가 없어졌다. 작은 공간에 쓰기 위해서는 쓰는 내용을 제한하고, 생략형을 사용하고, 쓰기 전에 나름대로 쓰고 싶은 것을 정리해두어야 한다. 그러나 자유롭게 쓰고 싶고 생각나는 대로 마음껏 쓰고 싶을 때가 있다. 특히 바쁘게 회의록을 적을 때는 지면의 여기저기에 글씨를 날리며 적을 때도 있다.

수첩이나 노트에 쓴 것은 회사에 돌아와서 컴퓨터로 회의록이나 보고서로 만들게 되는데, 그런 경우 수첩과 A5 노트의 정보량은 아주 다르다. 특히 A5 노트는 차트나 그림이나 디자인 등을 그려넣을 수 있어, 경우에 따라서는 상대방 얼굴의 특징까지 적어넣을 수 있다는 점에서 정말 편리하다.

수첩은 분실하기 쉽다

수첩은 행방불명이 되기 쉽다. 상상도 하지 못할 곳에 섞여 들어가 찾지 못하는 경우가 있다. 물론 수첩의 주인이 부주의한 것이 원인이지만, 수첩 자체가 잃어버리기 쉬운 조건을 갖추고 있다.

① 가지고 다니다가 잃어버린다

수첩은 그 크기가 작아 분실의 위험이 많다. 양복 안쪽 주머니에서 흘러나온다든가, 전철이나 버스 안에서 양복을 벗고

손에 들고 서 있다가 바닥에 떨어뜨린다든가, 공중전화 부스에 두고 온다든가 해서 잃어버리기 쉽다.

'다음 주에 누구를 만나기로 했더라?' 하고 기억해내려고 해도, 여간해서 생각나지 않는다. 아무튼 수첩이 천명을 다하기는 상당히 어려운 일이다.

② 다 쓰고 나면 버린다

수첩을 완전히 사용하고 나서 새로운 수첩으로 바꿀 때, 헌 수첩은 서재 구석이나 오래된 서류 뭉치 사이, 책장 선반 위 등에 놓이게 된다. 그후의 운명은 실로 불행하다. 바닥에 놓인 쓰레기통으로 떨어져서 행방불명이 되거나, 가족들이 친절하게도 어디 깊숙한 곳에 챙겨둔다거나, 더 이상 필요없는 것이라고 생각해서 버리는 경우도 있다.

이와 같이 제 역할을 마친 수첩의 존재는 비참한 운명이 되는 경우가 대부분이다.

자신이 써온 수첩을 하나도 버리지 않고 수십 년 동안 남기는 경우는 매우 드물다. 아마도 직장인 1,000명 중 998명은 20년분의 수첩을 남기고 있지 않을 것이다.

수첩은 원래 남겨지지 않도록 운명 지어진, 박명의 미녀와 같은 것이 아닐까 생각한다. 이에 비하면 내가 가지고 있는 A5 파일 노트는 팔팔한 나의 아내와도 같다. 잃어버리려고 해도 눈이 띄어 어쩔 수 없이 20년간 사용해온 267권의 노트가 무사히 남아 있다.

③ 해마다 전화기록을 옮겨야 한다

수첩의 또 한 가지 문제점은 주소록과 전화기록과 스케줄이다. 이것들을 새 수첩에 베껴놓는 번거로움을 생각하면, 연말이 울적해진다.

예전에는 오래된 사원 수첩을 전화기록과 주소록 전용으로 하여 몇 년 동안 사용하고, 매년 배포되는 새로운 수첩은 스케줄 관리 전용으로 하여, 이 두 권을 한 권으로 만들어 사용했다. 한 권으로 만든 수첩은 편리했지만, 타격이 컸던 것은 이 한 권으로 합친 수첩을 모조리 분실해버린 것이었다.

일정표를 따로 마련할 필요가 없다

비즈니스맨에게 일정표는 매우 중요하다. 만약 일정을 기록하지 않고 기억에 의존하여 행동하려 한다면 당장 어려움에 직면할 것이다.

수첩의 중요한 역할의 하나는 일정을 적어놓는 것이다. 그러나 적을 수 있는 공간이 너무 작다. 그래서 나는 수첩보다 큰 스케줄 전용의 플래너에 일정을 적어놓고 있었다.

회사의 내 책상 위에는 월별로 된 큰 일정표가 놓여 있어, 비어 있는 날짜에 부하직원이나 동료들이 업무 일정을 기입한다. 각자의 일정을 이메일로 사전에 확인하고 나서, 최종 결정된 일정에 따른다.

복수의 일정표를 사용할 때 종종 난처한 일이 생길 수 있다. 수첩에 적힌 일정, 책상 위의 달력에 적힌 일정, 과나 부의 일정표, 집에 있는 캘린더에 적힌 일정 등이 겹쳐 이중으로 약속이 되어 있거나 완전히 잊어버리는 일이 발생한다. 오랫동안 비즈니스맨 생활을 했던 사람이라면 누구나 한두 번쯤 경험해 보았을 것이다.

20년 전 미국에 출장 갔을 때였다. 처음으로 플래너에 대해 알게 되었다. 대부분의 비즈니스맨이 양복의 안주머니에 얇은 세로 수첩을 가지고 다니면서, 거기에 일정만을 적어넣는 것을 보았다. 아주 스마트하게 플래너를 이용하고 있었던 것이다.

그후 내 주변의 모든 사람들이 플래너를 이용하게 되었다. 여담이지만 플래너에는 멋스러운 크로스(CROSS)의 샤프가 잘 어울렸다.

나도 플래너를 가지고 다니기 시작했다. 이 플래너는 아주 편리했다. 합리적인 책갈피가 2개나 달려 있어 단 한 번에 해당 주, 해당 월의 페이지를 열 수 있다.

당시 나는 아이디어 마라톤 노트, 회사에서 지급된 사원 수첩, 플래너 등 3개를 항상 소지하고 다녔다. 이것은 편리했지만 상당히 번거로웠다.

플래너는 얇으니까 양복 가슴 왼쪽 주머니에, 사원 수첩은 양복의 오른쪽 주머니에, 그리고 아이디어 노트는 서류 가방의 바깥 주머니에 넣고 다녔다. 이렇게 하면 분실하거나 집이나 회사에 두고 올 가능성이 3배가 되었다. 항상 양복을 입고 있을 때는 문제 없지만 날씨가 더워서 윗도리를 벗게 될 때는 양복 안주머니에 넣어둔 플래너를 잃어버리기 쉽다.

또 플래너만 소지하고 있을 때는 그것을 수첩 대용으로 쓰고, 수첩밖에 없을 때는 수첩을 플래너 대용으로 쓰게 되어, 일정이 겹쳐버리는 경우가 있었다.

할 수 없이 나는 우선 회사의 사원 수첩을 사용하는 것을 중단했다. 단, 회사의 국내외 지점이나 사무소의 연락처는 별도 소책자로 되어 있고 반드시 필요하기 때문에 아이디어 노트의 뒤쪽에 있는 상비 포켓에 넣어두기로 했다.

플래너를 사용하는 것은 간단했다. 그러나 문제도 있었다. 메모할 필요가 있으면 노트를 꺼내야 하는데, 플래너에 그냥 기입해버릴 때도 있고, 어떨 때는 플래너가 있어서 아이디어 노트를 휴대하지 않게 되는 등 전체의 통일성이 무너질 처지였다.

그러던 어느 날 드디어 우려하던 일이 일어났다. 플래너를 분실해버린 것이다. 아직 3월이라서 기입한 것이 그리 많지는 않았지만 상당히 타격이 컸다. 벗은 양복 윗도리에서 빠져버렸는지, 어디에 두고 온 건지 도무지 생각이 나지 않았다. 알아차렸을 때는 이미 사라져버린 후였다.

이렇게 되자 플래너를 아예 노트에 붙여버릴까 하는 생각이 들었다. 새로운 플래너를 구입했을 때, 나는 큰마음 먹고 플래너를 아이디어 노트 뒤표지의 안쪽 면에 매직 테이프로 붙였다. 플래너를 노트의 부속으로 만들어버린 것이다.

그랬더니 의외로 사용하기 쉬웠다. 수첩에는 보통 메모용 지면과 일정표의 지면이 있는데, 노트라면 플래너와 넓은 기입용의 지면을 같이 병행할 수 있다는 의도였다.

그렇게 해서 찾아낸 것이 커렉트 사의 주간 다이어리 A5용 20홀이었다. 한 장이 1주일분의 일정표로 되어 있어 플래너의 수첩이 필요하지 않게 되었다.

커렉트 사의 다이어리를 구입할 때 주의할 점은 연말 즈음에는 이미 다 팔려버리는 경우가 많아서 가을 무렵에 미리 주문해야 한다는 것이다. 숨겨진 인기 상품이라 많이 제작하지 않는 모양이다.

넓은 기입 공간, 플래너, 전화기록. 이렇게 나의 노트는 훨씬 사용하기 편리해졌다.

현재는 PDA를 도입하고 있다. PDA에 대해서는 다른 장에서 언급하겠지만, 단추 하나로 PDA와 컴퓨터 간의 일정 갱신을 할 수 있기 때문에 일정이 겹치는 일이 없어졌다.

A5 노트 한 권으로 사용하면서 부속된 플래너 외에 일정을 적어넣지 않는다는 원칙을 지킨다면, 일정을 잊어버리는 일은 생기지 않는다. 임박해진 볼일이나 내일 아침 당장 해야 하는

일, 집에서 해야 할 업무, 결코 잊어버려서는 안 되는 중요한 약속 등에 대해서는 몇 개의 작은 포스트잇에 일정을 적은 후 노트의 펼치게 되는 면, PDA 속의 화면, 컴퓨터 화면 등에 붙여놓고 있다.

그래도 잊어버릴까 봐 걱정되면, 국제 전화 요금이 비싸게 들더라도 아내한테 전화해서 기억해달라고 부탁하는 인간 플래너를 활용하고 있다.

1985년부터 나는 수첩을 가지고 다니는 것을 그만두고 통합 노트(아이디어 마라톤 노트)로 통합했다. 게다가 지금은 그것을 아이디어 마라톤 노트와 PDA로 한정하고 있다.

POINT

1. 수첩은 편리하지만, 분실하지 않도록 최대한 주의를 기울여야 한다.
2. 수첩은 일정만을 적기에는 좋지만, 떠오르는 아이디어들을 적기에는 너무 작다.
3. 즉시 기입할 수 있다는 점에서는 수첩이 편리하다. 전화기록을 옮겨적는 데는 수첩보다도 PDA가 더 편리하다.
4. 나는 A5 크기의 노트를 사용하고 있는데, 수첩이나 플래너의 단점을 보완해주어 아주 편리하다.

노트를 보완하는 PDA 활용법

PDA는 휴대전화보다 크고 노트북보다 훨씬 작아서 손이나 스타일러스로 입력할 수 있는 것이 특징이다. 노트와 컴퓨터 간의 틈새를 메우는 것으로서, 사용법에 따라서는 수첩보다도 편리하다.

나는 2002년 말에 소니의 클리에(PEG-NX70V)를 구입했다. 처음에는 망설임도 없지 않았다. 가장 걱정했던 것은 내가 사용해온 통합 노트와 조화를 이룰 수 있을까, 통합 노트의 기능을 얼마나 합리적으로 대신할 수 있을까 하는 점이었다. 결국 어느 쪽도 제대로 사용하지 못하는 게 아닐까 우려했다.

그런데 결과는 만족스러웠다. 클리에의 기능은 매우 유용했다. 클리에와 노트 사이에 새로운 역할 분담을 만들어낼 수 있었던 것이다. 앞으로는 PDA를 계속 사용하게 될 것이라고 확신했다. PDA가 수첩의 역할뿐만 아니라 그외에도 많은 역할을 가지고 있음을 알았기 때문이다.

① 처리 속도

내가 우선 감탄했던 것은 PDA의 반응이 빠르다는 것이다. 뚜껑을 열어 스위치를 누르면, 바로 사용할 수 있도록 되어 있다. 현재 해외에서 사용하고 있기 때문에, 보호용 케이스에 넣고 다니는데, 꺼내면서 PDA의 전원 스위치를 누르자마자 바로 사용할 수 있다.

PDA는 수첩과 마찬가지로 빈 페이지에 손으로 쓸 수 있다. PDA를 꺼내고 메모할 수 있기까지 약 10초 걸린다. 이 정도라면 수첩의 새로운 페이지를 펼치는 것보다 확실히 빠르다.

여성이라면 오른쪽 손가락의 손톱을 PDA의 입력용으로 기르는 것도 재미있을 것이다. 반지에 글자 입력 포인터를 장치할 수 없을까 생각해본 적도 있다. PDA 케이스의 바깥에 입력용의 펜을 부착하는 것도 가능할 것이다. 그렇게 되면 적는 것이 몇 초는 더 빨라질 것이다.

② 기억 용량

최근의 PDA는 내부기억의 용량이 아주 커진데다가 메모리 스틱 등의 IC 메모리를 사용하면, 컴퓨터에 저장된 큰 파일의 문장이나 자료를 PDA로 옮겨 보관할 수 있다.

현재 내 PDA에는 이런 것들이 들어 있다.

(1) 전화기록(과거 20년 분)

(2) 네팔의 주요 전화번호(정부 관계청사, 호텔, 레스토랑, 항공
회사 등)

(3) 내가 만든 ‘네팔을 처음 방문하는 분을 위해서’라는 가
이드북

(4) 카트만두 일본인회 명단

(5) 미쓰이 물산 사원의 이메일 주소

(6) 카트만두 사무소의 업무 일정표

(7) 과거 3년 동안 받은 명함 리스트

이만한 양의 데이터가 들어가는 것에 나는 감동했다. 특히
전화기록은 워드 프로세서와 컴퓨터로 사용한 것까지 포함하
여 전자 데이터 15년간의 실적이 담겨 있다.

현재 나의 전화기록은 다음과 같은 구성으로 이루어져 있다.

(1) 가족, 친척 등 개인 데이터 관련의 전화번호

(2) 네팔 국내의 고객, 친구의 전화번호

(3) 네팔 국내의 휴대전화 번호

(4) 네팔 국내의 주요 전화번호(정부 관계청사, 호텔, 레스토랑,
항공회사 등)

(5) 미쓰이 물산 본사의 관계부서와 중요 연락처

(6) 일본 국내의 지인의 전화번호

41페이지에 이르는 나의 전화기록은 컴퓨터 파일로 저장되어 있어 그것을 축소 인쇄하여 A5 노트의 첫 장에 붙이고 있다. 붙이고 난 다음에도 계속 추가하고 수정한다. 1년쯤 지나면 온통 수정투성이가 되어버린다. 예전에는 이를 모아두었다가 반 년에 한 번꼴로 한꺼번에 정정했다. 그러나 40페이지가 넘는 양을 정리하는 데는 시간이 너무 많이 걸려서 지금은 1년이나 2년에 한 번, 며칠에 걸쳐서 수정하고 있다.

이 전화기록의 정정작업은 큰 장애가 되었다. 그래서 PDA를 구입했을 때, 나는 큰마음을 먹고 전화기록을 갱신하기로 했다. 예전의 컴퓨터 데이터를 PDA의 메모리에 넣어, 전화기록 40페이지 분을 볼 수 있게 한 것이다. 게다가 PDA 속의 전화기록은 컴퓨터의 파일과 업데이트 하도록 했다.

그 방법은 간단하다. 노트에 새로운 전화번호를 적으면서 동시에 PDA의 전화기록부에 손으로 기록한다. 그후에 PDA를 컴퓨터에 연결하면 컴퓨터 파일도 자동적으로 업데이트 되는 것이다.

노트, PDA, 컴퓨터 파일의 세 가지 전화기록부가 항상 최신의 것으로 유지할 수 있게 된 것은 정말 굉장한 일이다. 기술은 실로 나날이 진보하는 것이다.

③ 컴퓨터와 PDA 간의 업데이트
최신 PDA를 사용하면, 앞에서도 말한 것처럼 어떠한 변경

사항이 발생하면 컴퓨터의 데이터도 원 터치로 동기화하여 갱신할 수 있다. 컴퓨터의 워드나 엑셀 파일을 PDA에 저장할 수 있어서, PDA 파일이나 컴퓨터의 원래 파일을 수정하면 양자 간에 업데이트 하여 동시에 최신의 것으로 만들 수 있다.

④ 문자 입력 기능

클리에의 그래피티 영자 입력은 생각보다 정확하게 입력된다. 우선 그것에 감탄했다. 같은 말을 잇달아 입력하는 일이 상당히 많은데, 이를 보완하는 기능도 있다. 예를 들면 '육필 문자'라고 입력한 후에는 '육필'이라고 쓰기만 해도 '육필 문자'가 후보로서 화면에 표시되는 것이다.

⑤ 일정

일정 관리를 일원화할 수 있게 되었다. 그 동안 일정은 노트 앞면에 플래너를 부착하여 거기에 기입하는 방식을 취하고 있었다.

이러한 방법의 가장 큰 문제점은 모처럼 플래너에 적어두었는데도 그것을 보지 못하고 실수를 해버리는 것이다.

PDA는 이런 문제점을 보완해준다. 가령 뭔가 메모를 적기 위해서 PDA의 전원을 켜면 그날의 일정이 나온다. 이것으로 실수로 잊어버리는 경우가 줄어들었다.

⑥ PDA 발상 메모

어떤 아이디어가 막 떠올랐는데, 근처에 노트가 없거나, 잠자리에 든 상태이거나, 택시에 타고 있을 때(괜히 가방에서 노트를 꺼냈다가 차 안에 두고 내리는 실수를 막기 위해서) 나는 PDA에 손으로 아이디어를 메모한다. 손으로 그림도 그려넣을 수 있다. 이렇게 해서 PDA에는 항상 손으로 쓴 수백 개의 예비 발상이 쌓여 있다.

⑦ PDA 단가 노트

나는 매일 밤 PDA를 침대 머리맡에 놔두고 있다. 자기 전이나 아침에 일어났을 때, 생각나는 발상에 덧붙여 단가(일본 고유의 정형시-옮긴이)를 PDA에 적어놓기 위해서다. 이것이야말로 PDA의 궁극적인 이용법이라고 자부하고 있을 정도이다.

펜으로 생각나는 단가를 몇 개 기입하면서 자연스럽게 잠이 드는 것은 아주 기분 좋은 일이다. 침대에서 PDA를 떨어뜨리지 않도록 신경 써야 하는 것이 옥의 티이지만……. 예전에는 A5 노트에 V콘펜을 사용해서 썼기 때문에, 펜의 뚜껑을 열거나 닫는 것이 귀찮았다. 가끔 베개나 시트에 커다란 잉크 자국을 남기기도 했다. 지금은 베개 밑에서 PDA를 꺼내기만 하면 된다. 소니의 클리에의 화면에는 백라이트가 달려 있어 어떤 암흑 속에서도 떠오르는 발상을 적을 수 있다.

⑧ 차내 메모용

매일 출퇴근시 차를 이용하는데, 카트만두의 덜컹거리는 비포장 길에서도 그래피티 입력이라면 PDA는 가능하다. 지금까지는 차 안에서 IC 레코더를 사용하고 있었지만, 지금은 PDA에 천천히 기입하고 있다.

⑨ 기타

PDA는 이외에도 섬세한 스케치를 할 수 있거나 디지털 카메라로 찍은 사진을 저장한다거나 하는 등의 여러 가지 장비가 고안되어 있다.

만약 PDA를 분실했더라도 컴퓨터에 백업 받아둔 최신 정보가 있다면, 금전적인 타격은 받겠지만 정보 면에서의 타격은 거의 받지 않을 것이다.

POINT

1. PDA는 수첩의 기능을 대신할 수 있어 매우 유용하다.
2. 주소록 데이터를 컴퓨터에 저장하고 있는 사람에게 PDA는 아주 편리하다.
3. PDA 데이터는 컴퓨터로도 보존할 수 있어 편리하다.
4. 앞으로의 컴퓨터는 메모장 타입이 되어, 화면에서 바로 손으로 입력하게 될 것이다. PDA와의 무선 유비쿼터스가 실현될 것이다. 음성변환 입력, 또는 데이터의 음성변환도 가능해질 것이다.

노트가 쌓이면 한 권의 책이 된다

상사의 해외 주재원으로서 항상 신경을 쓰고 있는 것은 출장자에 대한 안내와 배려이다. 사우디아라비아의 리야드와 같이 어떤 예기치 않은 상황이 벌어질지 모르는 곳에서는, 되도록 내가 직접 공항에 마중 나갔다.

비행기가 늦거나 결항하는 일이 종종 있었고, 환승 문제로 더 빠른 시간에 도착하기도 하고, 다른 비행기 편으로 도착하는 일도 있었다. 그렇게 되면 마중 나가는 입장에서는 더 이상 어떻게 할 도리가 없었다.

마중 나간다고 말해놓고 나서 잊어버린다는 것은 말도 안 되는 일이지만, 피치 못할 사정이 생겨서 아무도 마중 나와 있지 않은 경우, 출장자는 어떻게 대처해야 하는가?

우선 예약해놓은 호텔의 이름을 알고 있을 때는 그곳으로 가면 된다. 호텔의 이름을 모른다면 우선 가까운 호텔에 가서 체크인하고 미쓰이 물산(소속회사)의 주소를 알아보거나, 대사관에 물어보는 방법밖에 없다.

도착 일이 목요일 저녁이면 아랍에서는 최악의 상황을 맞을 수 있다. 금요일이 휴일이기 때문이다. 길게는 토요일과 일요일의 휴일을 끼고 월요일까지 연락이 닿지 않을 수도 있다. 고생해서 택시를 타도 바가지를 쓰고, 호텔에 가도 빈방이 없어서, 하는 수 없이 지저분한 호텔에 묵어야 했던 불쌍한 출장자도 있었다.

이와 같은 뜻밖의 불행을 만나게 되면, 그 출장자는 평생 사우디아라비아에 대해 나쁜 인상을 가지게 된다. 다시는 출장을 오지 않을 수도 있다. 그런 일이 일어나면 업무가 잘 진행될 리가 없다.

그래서 나는 이러한 트러블을 피하기 위한 방법을 고안했다. 주재하고 있는 나라의 가이드북을 작성하는 것이었다.

'무언가 과제를 정하여 조사하는 것'은 초등학생 때 누구나 해본 적이 있을 것이다. 이를테면 여름방학 숙제처럼 말이다.

앞에서도 기술했지만, 해외근무를 하게 되면 나는 그 나라에 대해서 여러 가지 사항을 노트에 적기 시작한다. 서점에 가서 초등학교의 지리 교과서와 같은 것을 찾아보기도 한다. 주재하고 있는 나라에 대해, 실제로 생활하고 있는 도시에서 연구해보는 것이다.

기초 정보나 기상 정보, 공항 도착시의 주의 사항, 가져와서는 안 되는 것, 반대로 출장자가 가지고 오면 좋을 선물(사우디아라비아의 경우는 신간서적이나 차잎 등 내 속이 들여다보이는 선물을 예로 들었다), 정부 기관이나 대사관 등의 주요 전화번호도 노트에 적어간다.

이리하여 부임 후 1년 정도가 되면 가이드북이 완성된다. 최초의 주재국이었던 나이지리아의 라고스에서 처음으로 가이드북을 작성했는데, 당시에는 손으로 쓴 팸플릿에 지나지 않았다.

사우디아라비아의 리야드에 주재할 때는, '사우디아라비아의 리야드를 처음 방문하는 분을 위해서'라는 제목을 붙여 본격적인 가이드북으로 만들었다. 본사에 원고를 보내 일본어로 타이핑을 의뢰하여, 훌륭한 팸플릿으로 만든 것이다(그후는 나름대로 워드 프로세서를 활용하여, 독자의 팸플릿을 작성했다).

이 가이드북의 첫 페이지에 까다롭기 짝이 없는 사우디아라비아의 비자에 대해 설명하고, 출발 전에 현지 사무소(리야드 사무소)와 확인해두어야 할 포인트 등을 적어두었다.

덧붙여 공항에 도착했을 때의 주의점을 다음과 같이 적었다.

'처음 방문하시는 분들을 위해 반드시 일본인이 공항에 마중을 나갑니다. 만약에 공항에서 입국절차를 마치고 밖으로 나왔는데, 아무도 마중 나와 있지 않으면 30분 동안 그 자리에서 기다리십시오. 만약 30분이 지나도 아무도 오지 않으면, 이 팸플릿의 뒤표지에 붙어 있는 공중전화용 동전으로 사무소나 자택에 전화를 주시면 즉시 마중을 나가겠습니다(약 40분 소요). 밤중이라도 상관없습니다.'

가이드북에는 사무소의 지도와 전화번호, 집 전화번호 등을 기재했다. 게다가 뒤표지에 사우디의 동전 10할랄라를 테이프로 붙여두었다. 사우디아라비아에서 실제로 통용되는 동전을 본사로 보내어, 공중전화용이라고 표시해서 붙여달라고 의뢰한 것이다. 그리고 '긴급시는 이 동전을 사용하여 전화를 하시면, 24시간 언제든지 40분 내로 공항으로 마중 나가겠습니다'라고 선언했다. 대부분의 여행자는 가장 중요한 동전을 가지고 있지 않은 경우가 흔했기 때문이다.

실제로 비행기가 연착하거나 갈아타는 일정이 바뀌어 전혀 다른 비행기로 다른 시간에 도착한 출장자가 이 동전을 사용하여 우리 집에 전화해준 일이 있었는데 굉장히 기뻤다. 그는 뒤표지에 붙어 있던 동전이 자기를 안심시켰다고 말했다.

그후 이 가이드북은 매년 두세 번 개정하여, 추천할 만한 레스토랑이나 사우디아라비아의 관광명소까지 실었다. 그 기초정보들은 모두 노트에 적어두었던 것이다.

'이 가이드북을 레스토랑에 가서 보여주시면, 아이스크림이 공짜입니다'라고 실었던 적도 있다. 그 가게와 협상하여 얻어낸 서비스였다.

가이드북을 작성하고 있으면 그 나라, 그 땅의 좋은 점을 설명하기 위해서 무엇인가를 찾아내려고 눈을 번득이게 된다. 또 재미있는 것을 보거나 듣거나 체험하면, 그것을 노트에 기록하지 않을 수 없다. 가이드북 작성 준비는 말하자면 초등학교 시절의 자율 연구와도 같은 것인데, 더욱이 외국에 있으면 담을 내용이 궁해질 일이 없다.

내가 사우디아라비아 출장자를 위한 가이드북을 작성하자, 이번에는 아내가 사우디아라비아에서 생활하기 위한 '리야드 생활 가이드북'을 만들었다. 이렇게 서로 연구과제로 조사하고 노트에 적어둔 자료를 활용하여 팸플릿으로 작성하고 개정해갔다.

8년 6개월 동안 사우디아라비아에 주재한 후, 2년 동안 베트남에 주재했을 때도 가이드북을 만들었다. 그리고 3년간 네팔의 카트만두에 주재하면서, 단신 주재로 바쁜 중에도 '네팔을 처음 방문하는 분을 위해서'라는 가이드북을 완성했다. 거기에는 최소한 필요한 정보는 물론 마지막에 '긴급 대책용 카드의 작성법'이라는 페이지도 마련했다. 장기 체류하는 사람을 위해서 혈액형을 포함한 미쓰이 물산 나름대로의 안전대책을 위한 카드의 작성법을 게재한 것이다. 네팔어로도 쓰여 있어 사고를 당했을 때 도움을 받을 수 있도록 했다.

기본 지식이나 정보도, 다시 조사해보면 의외로 모르는 일이 많다. 마음만 먹으면 가이드북은 어느 나라에서도 만들 수 있다. 주재지가 유명한 관광지일 경우, 일개 주재원이 작성하는 가이드북이 도움이 될까 하고 의아해할지 모르겠지만, 실제로 경험해본 사람이 처음 출장 오는 사람의 입장을 누구보다 잘 헤아리기 때문에 의외로 개성 있는 가이드북이 완성되는 법이다.

어떤 유명한 나라나 관광지에서도 가이드북을 작성할 수 있다. 특히 자기가 좋아하는 라이브 공연 클럽을 소개하거나, 소속 회사의 이름을 대면 특별 대우를 해주는 가게를 출장자나 방문자에게 소개하는 것은 즐거운 일이다.

재미있는 에피소드가 노트에 넘친다. 그것을 이야기하거나 가이드북에 공개하면 더 생생하게 살아 있는 내용이 된다. 나의 취미인 에세이 쓰기의 원천은 가이드북의 작성에 있었던 것이다.

요즘은 이와 같은 가이드북을 인터넷 홈페이지를 통해 쉽게 만들 수 있다. 회사 또는 개인에 의한 현지 소개는 상당히 폭넓게 퍼져 있다. 바로 '인터넷 가이드북'이다. 이제는 해외 주재 사무소가 인터넷 가이드북을 내는 것이 당연해지는 시대이다.

POINT

1. 일하고 있는 도시를 소개하거나 퇴근 후나 주말의 생활을 소개하는 글을 노트에 적어보자.
2. 단골 가게를 소개하는 글을 써보자.
3. 각 사무소나 개인 홈페이지를 개설하여, 1이나 2를 게재하는 것도 가능하다. 좋아하는 인터넷 사이트에 링크할 수도 있다.

4

끊임없는 아이디어
마라톤 일기

일기를 매일 쓰는 비결

나는 매일 일기를 쓴다. 15년 동안 하루도 빼먹지 않고 일기를 써왔다. 그 비결은 일기 노트를 항상 가지고 다니는 데 있다.

초등학교 때 여름방학 일기는 3일도 채 가지 않았다. 그후에도 한 달을 쓰지 못했다. 40대가 되어 일기를 계속 쓸 수 있게 된 것은 발상 노트, 업무의 기록 노트에 더하여 일기를 쓰기 시작했기 때문이다.

앞서 소개한 통합 노트는 '무엇이든 쓴다'는 컨셉으로 일관하고 있다. 당연하지만 거기에는 일기도 포함된다. 3주 정도면 한 권의 노트를 다 써버리기 때문에 한 권은 1년분이 아니라 3주분 정도이다.

보통은 모닝커피를 마시면서 일기를 쓴다. 일기를 쓰는 사람 중에는 자신의 발상 노트를 덧붙여 쓰는 사람도 많을 것이다. 나는 일기라는 것은 하루의 사용법, 즉 구체적으로 오늘 하루 무엇을 했는가를 되도록 간결하게 쓰는 것이라고 생각한다. 그래서 발상은 일기에 쓰지 않는다. 여행을 할 때는 일기를 쓰면서 에세이 소재가 될 만한 것을 적어둔다.

약간 벗어나는 이야기이지만, 에세이는 디테일하게 박력을 주는 것이 아주 중요하다. 그런데 사람의 머리는 며칠만 지나도 잊어버리게 된다. 일기는 희미해지는 기억을 되살려주고 세부를 선명하게 그려준다. 기억의 차례나 안내판 같은 것이다.

부모님이 암으로 입원과 퇴원을 되풀이하고 있을 때, 몇 번이고 부모님의 병실에 묵었는데, 그 당시의 일기에는 병원에 간 일만이 적혀 있었다. 그때 쓴 발상이나 에세이는 병, 병원, 입원, 인생 등을 주제로 한 것으로 분량이 상당했다.

일기를 쓰지 않는 이유

15년간 일기를 계속 써오기 전까지는 좌절의 연속이었다. 독자들 중에도 '싫증을 잘 내어 오래 지속하지 못하는' 좌절을 경험한 사람이 많이 있을 것이다. 왜 그러한 좌절을 맛보아야 하는가?

문득 이런 생각이 머릿속에 떠올랐다. 일기에는 사람이 지속하기 어려운 본질적, 인간적인 이유가 몇 가지 있는 것이 아닐까?

① 단순히 쓰는 것을 잊어버린다

일기란 그날 중에 쓰게 되면 쓸 거리에 궁할 일이 없고, 5분이면 쓰기 때문에 간단한 일이지만, 하루만 지나도 쓸 수 없다. 써야 할 것을 잊어버리기 때문이다. 아이디어 마라톤은 떠오르는 발상을 그 자리에서 바로 쓰는 것이지만, 일기는 기억을 더듬어가면서 써야 한다.

일기를 집의 책상 서랍 속에 넣어두었다가 매일 밤 꺼내 써야 한다거나, 다음날에 쓰려고 한다면 십중팔구 잊어버리기 쉽다. 무슨 일을 해도 3일을 넘기지 못한다는 말이 있는데 이는 실로 적절한 표현으로, 3일째 즈음에 잊어버린다. 일기가 서재 서랍 속에 있어서 자기 전에 서랍을 여느냐 마느냐가 운명의 갈림길이다. 술을 마시고 들어오는 날은 운명의 하루가 되어버리기 쉽다. 또 급한 용무가 겹치기라도 하면, 쓰는 것을 잊어버리고 그대로 중단해버리게 된다.

대응방법 _침실에 일기를 둔다. 일기 수납공간이 달린 침대, 베개 등은 어떨까? 자명종을 사용하는 사람이라면, 자명종이 달린 일기도 생각할 수 있다.

② 지난 일기는 쓸 수 없다

어제 하루쯤 건너뛴 일기는 기억을 더듬어 쓸 수 있을지 모른다. 그러나 그저께 일기를 써야 한다면, 완전히 잊어버려서 쓸 수 없다. 첫 줄에 '오늘은……'이라고 쓰고 나면 그 다음 일은 생각나지 않는다. 하물며 아이가 여름방학이 다 끝날 무렵에 일기를 몰아 쓰듯이, 3주도 더 지난 일기를 쓰려고 한다면 어떻게 되겠는가?

사람의 뇌는 어제의 일조차도 기억의 70퍼센트 정도가 희미해져서, 상세한 부분이 생략되어버린다. 그 다음날은 전 날 기억의 70퍼센트가 사라진다. 이틀 동안에 9퍼센트밖에 남지 않

게 된다. 어떤 사람은 어쩌다 이틀 정도 일기 쓰기를 걸렀는
데, 그 공백을 어떻게 해도 메울 수 없는 것이 마음에 걸려서
그날부터 일기를 쓰지 않게 되었다고 한다. 공백에 견디지 못
하는 기분도 이해할 수 있을 것 같다.

대응방법 _나는 다음날 아침, 에스프레소 커피를 마시면서
일기를 쓰는 것을 일과로 하고 있다. 그날 저녁에, 역시 에스
프레소 커피를 마시면서 오전 중이나 낮 동안에 일어난 일을
일기에 쓸 때도 있지만, 그 경우에도 자기 전까지는 시간이 남
아 있으므로 몇 줄의 여백을 남겨둔다.

마라톤 시스템의 일기

마라톤 시스템이란 '매일 자신에게 뭔가 도움이 되는 것, 창조적인 것, 즐거웠던 것을 실행하면 자신의 하루에 1포인트를 주는 시스템'을 말한다. 자신의 생활에 마일리지 점수를 주는 시스템이라고 할 수 있다. 구체적인 방법을 설명하자.

내가 일기에 기록하고 있는 마라톤 시스템은 다음과 같은 내용이다.

(1) 아이디어 마라톤의 실행, 나의 경우는 16개의 발상을 기록할 때마다 1포인트

(2) 책(신간 서적, 230페이지 가량의 분량)을 한 권 읽으면 1포인트

(3) 1,300자의 에세이를 한 편 쓰면 1포인트

(4) 가족이나 친구와 함께 즐거운 식사를 하면 1포인트

(5) 영화관, 비디오, DVD 상관없이 영화를 한 편 보면 1포인트

(6) 단가를 16수 지으면 1포인트

(7) 스케치를 한 장 그리면 1포인트

(8) 헬스클럽에 가면 1포인트

(9) 네팔어 등 외국어 공부를 일정시간 하면 1포인트

(10) 강연회, 세미나 등에 참가하면 1회당 1포인트

(11) 자원봉사 활동을 하면 1회당 1포인트

(12) 아이디어 마라톤의 발상 기록이 1,000개 단위에 도달
하면 1포인트씩(보너스와 같은 것)

(13) 헬스클럽의 사우나에서 10개의 발상을 떠올리면 1포
인트

(14) 여행을 가면 하루당 1포인트

이상과 같은 내용을 일기에 써나가는 것인데, 내 경우는 기호를 사용하여 기술의 간편화를 도모하고 있다.

일기는 노트의 오른쪽 페이지에만 쓰고 있다. 이것은 나중에 쉽게 찾기 위해서다. 마라톤 시스템의 내용을 쓴 후에 왼쪽 페이지에 '어디에 갔다, 무엇을 먹었다, 무엇을 했다, 누구와 만났다' 등을 적어간다. 회사의 중대사건도 적어둔다.

내 경우 마라톤 시스템을 이미 7년 정도 계속해왔기 때문에, 대개 5,000점이 쌓이면 나름대로 이유를 만들어내어 스스로 포상하고 있다. 해외여행을 하는 계기로 삼은 적도 있다.

일기에는 내가 정한 기준에 따른 마라톤 시스템의 점수가 쌓여 있다. 이 마라톤 시스템을 계속하다 보면, 매일 아무리

바쁘더라도 자투리 시간을 알차게 쓰게 된다. 하루라는 시간이 화살처럼 빨리 지나간다고 하더라도 1포인트의 점수라도 있으면, 그날 하루는 허비하지 않았다는 것이다.

마라톤 시스템의 일기

오늘부터 마라톤 시스템의 일기를 쓰기로 했는데, 오늘 당신이 한 일은
다음과 같았다고 하자.

07 : 30 기상

08 : 00 강아지 산책

08 : 30 아침식사

09 : 30~11 : 45 헬스클럽에서 수영

12 : 00 외출

12 : 30 자원봉사원들과 함께 식사하며 회의

14 : 30~16 : 30 책을 한 권 읽음

16 : 30 가족과 DVD 감상 「센과 치히로의 행방불명」

19 : 30 오랜만에 가족과 함께 식사

21 : 00 집에서 에세이 쓰기

23 : 30 취침

이러한 일은 내 일기에서는 다음과 같이 기술된다.

MU-1 기상(MU란 마라톤 유닛을 말함)

MU-2 헬스클럽에서 수영

MU-3 자원봉사 회합 참석

MU-4 독서 『무사의 가계부』

MU-5 DVD 「센과 치히로의 행방불명」

MU 6 가족이 모여서 식사

MU-7 집에서 에세이 집필

즉, 오늘은 나에게 좋은 일 7가지를 했다는 것이다. 내일은 MU-8부터 시
작한다. 이 MU에는 자신에게 좋은 일이라고 생각되는 것을 쓴다.

왜 일기를 써야 하는가

나의 경우 일기는 자신을 위해, 에세이는 다른 사람들에게 보이기 위해서 쓴다. 일기는 자신에게 참고가 되는 것을 기록하기 위해서고, 에세이는 사람들이 읽어줌으로써 가치가 생긴다. 이들은 모두 같은 노트에 쓴다는 점에서 공통분모가 있다.

일기를 계속 쓰는 것은 상당히 어렵지만, 비즈니스맨에게 일기는 곧 무기이다. 일기에 적어둠으로써, '말했다, 말하지 않았다'의 논쟁에 결말을 지은 적도 있다. 회의 참가자 명단 등을 기재함으로써 간단하게 의문을 해결할 수도 있었다.

외근을 나가는 일이 많은 나의 경우, 택시비, JR, 지하철 등의 교통비는 내가 우선 지불하고 나서 월말에 청구한다. 어느 회사에 어떤 교통수단으로 방문했는지를 일기에 기록해두어, 교통비를 계산하고 택시비의 영수증을 조회하는 것은 절대로 빼놓을 수 없는 작업이다.

Point

1. 일기를 매일 쓰고 있다는 것은 그다지 의미가 없다. 사실을 간결하게 적은 일기와 매일의 발상을 적은 아이디어 노트가 최고의 조합이다.

2. 매일 일기를 쓰는 인내력을 가진 사람이라면 매일 아이디어를 떠올리거나 에세이를 쓸 수 있고, 영어회화의 TV 방송을 몇 년이고 계속 볼 수 있다. 매일 체력 강화를 위한 조깅을 하거나, 실내 자전거를 타는 것도 할 수 있을 것이다. 자신감을 가져도 된다.

3. 일기는 쓰고 나서 다시 읽음으로써 가치가 있다. 각각의 목적과 용도에 맞게 일기를 쓰라.

4. 일기를 서랍 속에 넣어 열쇠를 채워두는 것은, 일기를 썩히는 것이다. 일기는 바깥에 가지고 나가자. 그렇게 하면 언제든지 그날의 일기를 쓸 수 있게 되어 편리하다. 또한 지속적으로 일기를 쓰는 비결이 된다.

5. 일기를 중심으로 회의록, 아이디어, 에세이 등 무엇이든 일기에 덧붙이면 즐거운 생활기록이 만들어진다.

6. 일기를 충실한 생활의 제어판으로 삼을 수 있다. '마라톤 시스템'은 그 구체화의 방법이다.

노트의 종류와 업그레이드

일본에는 아름다운 노트가 많다. 종이의 질도 좋다. 미국에서 친구의 안내를 받아 슈퍼나 문구점에 가본 적이 있는데, 일본만큼 좋은 품질의 노트를 찾을 수 없었다.

물론 미국에서도 고급품이나 수공예 노트를 파는 가게에 가면 품질이 좋은 노트를 찾아볼 수 있지만 가격이 비싸다. 유럽도 비슷한 상황인지도 모른다.

노트의 종류

노트는 쓰기 위한 것만은 아니다. 읽기 위한 것이기도 하다. 쓰는 것과 읽는 것을 고려하여 노트를 고를 필요가 있다.

'자신의 얼굴 면과 같은 넓이가 최적의 노트'라는 것이 나의 노트 선택의 기준이다. 즉 40센티미터 정도 떨어져서 한눈에 지면을 볼 수 있는 크기가 가장 좋다. 그 기준에 따라 A5 크기를 선택했다. 우리 양쪽 눈 간격으로 보기에 가장 편한 크기인 것 같다.

회사 수첩은 일기나 아이디어를 매일 쓰기에는 너무 작다. 그림을 그리기도 어렵고 게다가 줄 간격에 여유를 두기도 힘들다. A4 노트는 너무 크고 가지고 다니기도 불편하다. A4 노트는 펼치면 A3가 되어버리기 때문에, 이것은 아무래도 너무 크다. 보통 서류가방에는 A4 노트를 세로 방향으로 넣을 수 있지만, 나처럼 스크랩이나 전화장 등을 더하면 A4 노트는 너무 무거웠다.

A5 노트를 펼치면 A4 노트를 옆으로 놓는 것과 마찬가지이다. 가끔은 아이디어를 그림으로 그릴 경우도 있기 때문에, 어느 정도의 지면을 확보할 수 있는 A5 크기가 이상적이다.

나는 A5 크기의 컴퓨터를 항상 서류가방에 가지고 다닌다. 게다가 그날 읽을 책, 다음날 읽을 책, 휴대전화 등도 가지고 다닌다. 여기에다 무거운 파일 노트를 넣자니, 아무리 튼튼한 서류가방이라고 해도 손잡이가 떨어져버린다.

나의 경우, 오랫동안 마루맨 사의 파일 노트 A5의 20홀 F-286을 사용해왔지만, 언제나 감탄하는 것은 플라스틱 커버의 내구성이 좋다는 점이다. 가격도 저렴하디.

내 노트 사용법은 가혹하기 그지없어, 파일 포켓에 뭐든지 집어넣기 때문에, 노트의 폭이 원래보다 3배 이상 두꺼워진다. 그것을 가방에 밀어넣거나 가끔은 바닥에 떨어뜨리기도 했는데, 지금까지 한 번도 표지에 손상이 가거나 접속 부분이 빠진 적이 없다.

나의 노트는 큰 책장 두 칸에 보관되어 있는데, 좁은 우리 집에서는 보관이 문제이다. 최근에는 아내가 지진 등의 긴급한 경우에 대비해 이 마라톤 노트들을 어떻게 보호해야 하는지 심각하게 걱정하기 시작했다. 조만간 데이터베이스화해서 보관할 예정이다.

마라톤 노트는 너무 빽빽하게 작은 글씨로 채우는 것은 바람직하지 않다. 기술적으로는 깨알같이 작은 글씨라도 적어넣을 수 있지만, 반대로 읽는 단계가 되면 사정이 달라진다. 작은 글씨가 빽빽이 들어찬 노트는 설사 그것을 쓴 본인이라도 다시 읽는 것은 말할 것도 없고 검토하기도 어렵다.

나는 노트 한 면에 아무리 많아도 8개 정도의 아이디어를 몇 줄로 줄여서 나열해 써놓는다. 이처럼 7~8개의 아이디어를 나열하는 경우에도 하나하나의 간격은 되도록 떨어뜨려서 한눈에 들어오도록 한다.

노트는 나중에 다시 읽는 것이 중요하다. 따라서 노트에 적을 때는 반드시 다시 본다는 전제하에 읽기 쉬운 크기로 쓰는 것이 좋다.

노트의 업그레이드

같은 종류의 노트를 수십 년 동안 사용하다 보면, 노트에 온

갖 기능을 덧붙이고 싶은 욕심이 생겨난다.

플래너나 전화장 등은 노트의 본래 기능의 일부이지만, 여기서는 노트를 더욱 즐겁고 활기차게, 또 멋이 나도록 사용하는 방법을 제안하고 싶다.

① 커버 씌우기

나의 노트의 자랑거리는 짙은 녹색의 가죽 커버이다. 마루맨사의 플라스틱 커버에 가죽 표지를 붙인 것에 불과하지만, 격조 있는 노트가 되었다. 게다가 커버의 안쪽에 앞뒤로 더욱 많은 자료를 끼워넣을 수 있어 일석이조의 효과를 누리고 있다.

가죽 커버는 우리 집 앞의 작은 가방 가게에서 특별 주문하여 만든 것인데, 벌써 4년째 쓰고 있다. 이 커버가 파일 노트를 보호해준다.

노트에 커버를 씌우는 것으로 보호될 뿐만 아니라, 그 노트가 '현재 사용하고 있는 노트'라는 것이 한눈에 들어온다. 이제 가족이나 회사 동료들도 이 짙은 녹색 커버를 보면 내가 현재 사용하고 있는 노트라는 것을 금방 알아챈다.

마찬가지로 대학 노트에 커버를 붙이는 것도 가능하다. 중학교 때, 노트에 천으로 커버를 씌우고 다니는 여학생이 있었다. 그때 그 여학생의 꼼꼼함은 마치 다른 세계의 일처럼 느껴졌다. 지금은 기성품이라도 멋진 노트나 책 커버를 구입할 수 있다. 자신의 노트를 가지고 가서 어울리는 커버를 고르면 될 것이다. 이니셜 등을 새겨놓으면 훌륭해 보이고 애착도 생긴다.

② 스티커 붙이기

내가 실행하고 있는 아이디어 마라톤은 매일 71개(금, 토, 일은 72개)로, 1주에 총 500개의 아이디어를 생각해내고 있는데, 그 아이디어 중에는 적으면서도 '이건 내가 봐도 재미있는 것 같아'라고 생각되는 것이 있다.

그런 경우에는 스티커를 사다가 아이디어 옆에 붙이고 있다. 눈에 띄는 스티커일수록 알기 쉽다. 이것을 엑설런트 마크라고 부르고 있는데, 이제까지 스티커를 붙인 아이디어만도 수천 개가 넘는다. 작은 스티커는 노트 표지의 안쪽에 끼워두었다가 '재미있다'고 느낀 순간 주저하지 않고 붙이고 있다.

③ 색연필 활용하기

단색의 그림과 다색의 그림을 비교하면, 정보량은 다색의 경우에 확연히 늘어난다. 내가 쓰는 파일럿의 V콘펜은 내수성 잉크의 파랑, 검정, 빨강 세 가지 색이 있는데, 특히 파란색 펜과 빨간색 펜은 항상 노트에 끼워두고 있다.

마커나 색연필을 어느 때나 사용하기 위해서는 필통을 노트 속에 붙여둘 필요가 있다.

기억하기 위한 노트라면 색연필 등으로 줄을 치면 외우는 속도가 달라진다. 게다가 해외에서 현지의 언어 등을 외울 필요가 있는 경우에는 붉은 마커로 칠하고, 거기다가 지브라(Zebra) 사에서 판매하고 있는 체크라는 소형의 녹색 플라스틱 시트를 덮어 씌운다. 이렇게 하면 붉은 마커로 칠한 문자가 보이지 않는다. 완전히 암기하면 붉은 마커는 전용 지우개 펜으로 지울 수 있다.

또한 나는 플레그라는 3M 사의 작은 투명 포스트잇을 노트에 넣고 다닌다. 노트가 바뀔 때 옮겨 적을 필요가 있는 부분에 플레그를 붙여두는 것이다.

④ 손수 특별 페이지 만들기

컴퓨터를 이용해서 파일 노트의 리필을 자유롭게 디자인할 수도 있다. 그것을 인쇄한 후 직접 노트를 만들면 된다.

나의 경우는 일기의 하루 분량으로 노트의 한 페이지를 할애하고 있기 때문에, 이런 방식으로 일기 지면을 만들어 쓸 수 있다. A5 크기의 주소록, 비망록, 업무일지, 가계부, DVD 소장 리스트, 개인 정보 등의 특별 페이지를 만들어 그 구석에 20홀의 구멍을 뚫으면 추가 사용할 수 있다.

A4의 중요 정보를 반으로 축소 복사하여 그곳에 구멍을 뚫어 쓰는 방법도 있다. 긴급 연락망, 중요 주소록 등이 여기에 해당한다.

⑤ 클리어 파일

　마루맨 사의 A5의 20홀용 클리어 파일은 편리하다. 파일 노트 사이에 4, 5장 끼워놓으면, 무엇이든지 넣을 수 있다. 신문이나 잡지의 스크랩, 전철표나 영수증을 넣을 때도 있고, 플레그도 보관하고 있다.

　해외에 있을 때는 여기에 여권 사본, 반창고 몇 개, 명함 몇 장, '당신의 명함'이라고 부르는 빈 명함 몇 장을 넣고 다닌다. '당신의 명함'이란 상대방이 명함을 가지고 있지 않은 경우에 유용하게 쓸 수 있다. 날짜, 회사, 이름, 전화, 팩스, 이메일 주소 등의 항목만을 인쇄한 것인데, 상대방이 명함을 갖고 있지 않을 때 "그럼 제가 명함을 드리지요"라며 이 명함을 건넨다. 그리하여 '당신의 명함'에 적어달라고 한 후 디지털 카메라로 찍는다. 그리고 디지털 카메라로 상대방 얼굴도 찍으면 함께 기억하기 쉬울 것이다.

당신의 명함

<table>
<tr><td>날짜:
회사:
이름:
전화번호:
팩스:
이메일:</td></tr>
</table>

⑥ 플라스틱 지퍼 폴더

튼튼한 지퍼가 달린 플라스틱 파일을 입수했을 때 얼마나 기뻤는지 모른다. 고쿠요(KOKUYO) 사의 A5용 지퍼가 달린 이 플라스틱 폴더에는 어느 정도 두께의 것이라면 무엇이든 넣을 수 있다. 그만큼 두께가 더해지지만, 여러 가지 것을 많이 넣을 수 있고 슬라이드 지퍼 하나로 닫을 수 있어 정말 편리하다.

나는 이 속에 카드 라디오나 여분의 펜, 여권, 여권용 사진, 네가 필름, 계산기, 여분의 건전지를 넣고 다녔다.

플라스틱 지퍼 폴더를 3년 정도 사용했을 때였다. 물건을 너무 많이 넣은 나머지 두께가 5센티미터나 되어 드디어 바닥이 찢어졌다. 여러 가지 물건을 넣을 수 있는 지퍼 폴더는 이동 사무소의 기능을 톡톡히 한다.

POINT

1. 자신에게 맞는 노트를 고른다. 나는 마루맨 사의 A5 파일 노트를 애용한다.
2. 항상 휴대하면 노트의 기능이 충실해지고, 내용의 갱신 등을 간단하게 하면 사용하기 편리해진다.
3. 노트가 편리해질수록 노트를 소중하게 다루게 되고, 노트를 잃어버릴 확률이 낮아진다.

가방 속에 들어 있는 것

1. 노트
2. 노트북
3. 네임프린터(관련 기기이며, 가방에는 넣고 다니지 않는다)
4. 지금 읽고 있는 책
5. 단3 건전지 플래시 라이트
6. 명함 상자
7. IC 레코더
8. 쌍안경
9. 상비약
10. PDA
11. 노트북 예비 배터리
12. 접는 우산
13. 방범 벨
14. MD 디스크
15. MD 녹음기
16. 휴대용 비데
17. 휴대용 알코올 살균약
18. 마스크
19. 여행용 자명종
20. 휴대용 수채물감 세트

기타 별도 소형 숄더백에 소니의 디지털 카메라 DSC-F717과 여분의 건전지, 샤프의 컬러 전자사전 PW-C5000, 후지필름의 체키와 필름, 여분의 단3 건전지 2개, 가민의 GPS(포켓 네비게이션), 스폴딩 사의 고도계를 넣고 다닌다.

5

아이디어를 기획으로,
발상 노트

발상 노트 활용법

당신의 뇌에서 나오는 독립적인 사고는 모두 발상이라고 부를 수 있다. 별것 아닌 듯한 아이디어도, 업무에서의 착상도, 소프트웨어도, 계획도, 준비도, 의견도, 대책도, 모두 발상이다. 에세이와 에세이 소재 자체도 발상이고, 시와 스케치도 발상이라고 부를 수 있다. 유머나 세련된 말, 아내에 대한 불만(의견)도 발상이다. 쓰는 것으로 마음이 밝아진다. '임금님 귀는 당나귀 귀' 효과이다.

발상은 대부분 활용되지 않고 쓸모없어진다. 원래 발상 속에는 사용할 용도가 없는 것이 다수 들어 있고, 생각나는 것과 동시에 잊혀지는 것도 있다. 그러나 그중에는 귀중한 발상도 있다. 그 귀중한 발상을 망각의 벼랑에서 구하는 것이 노트이다.

생각나는 발상을 노트 등에 적음으로써 보통이라면 잊어버리는 것도 기억할 수 있게 되고, 또는 생각날 때 이상으로 상세한 기록으로 남길 수도 있다.

구체적인 예로, 나의 30년간의 발상 기록 중에서 자전거에 관한 몇 가지 아이디어를 소개해보겠다.

① 30년 전 : 인력 자동차

나는 '인력 자동차(PPV: People Powered Vehicle)'에 대해 검
토한 적이 있다. 자동차의 배기가스로 인한 대기오염이 걱정
되어서였다. 처음에 노트에 쓴 것은 단 한 줄이었다.

'인력 자동차는 가능할까?'

휴일에 친구와 도로를 자전거로 달려보고, 어느 정도의 속
도가 나는지를 측정했다. 시속 40킬로미터 정도였다. 그런데
이 같은 속도를 오래 유지할 수 없다는 것을 알았다. 물론 언
덕을 오를 수도 없다. 그러나 평탄한 곳이라면 문제 없다. 비
도 바람도 막을 수 있는 것이다.

인력 자동차는 문자 그대로 인력으로 움직이는 자동차인데,
몇 가지로 분류할 수 있다.

(1) 순수하게 인력만으로 움직이는 자동차(People Powered
    Vehicle)

(2) 인력에 전기 보조를 붙여서 달리는 전기 보조 인력 자동
    차(Electric Power Assisted People Powered Vehicle)

(3) 전기 자동차에 인력 보조를 붙여서 달리는 전기 자동차
    (People Powered Assisted Electric Vehicle)

(4) 전기만으로 움직이는 전기 자동차(Electric Vehicle)

이와 같이 전기 자동차까지 포함하여 분류했다. 그중 관심의 대상을 인력만으로 움직이는 자동차와 전기 보조를 붙여서 달리는 전기 보조 인력 자동차로 좁혔다.

노트에 여러 가지 구상을 적었다. 인력이나 전기의 힘으로 자동차를 회전시켜서 언덕 등에서 급발신시키는 것은 가능하지 않을까 생각했다. 가벼운 관성바퀴를 조사하기도 했고, 진공용기 속에 넣은 관성바퀴로 상당한 힘을 줄 수 있다는 것도 알았다.

당시의 노트에는 2인승 인력으로 관성바퀴를 회전시키는 이미지 그림도 그렸다. 이러한 발상을 남긴 노트는 내게 최고의 추억이 되고 있다. 만약 미래에 전기 보조 자동차(파워 어시스트) 등이 출현하게 되면, 이들 노트는 얼마나 감개 무량한 것이 되겠는가?

현재 이 같은 발상과 비슷한 자전거 택시가 동경의 하라주쿠나 교토 시내에서 운행되고 있다.

② 20년 전 : 평탄한 자전거 전용도로

사우디아라비아에 주재하고 있을 때, 2주 동안 영국 운하를 즐겼던 적이 있다. 운하를 시속 6킬로미터로 천천히 나아가는 것은 자전거의 속도와 같다. 천천히 흐르는 운하는 조금씩 내려가거나 올라가 있는데, 장소에 따라서는 상당한 높낮이의 차이가 있었다. 그곳에는 록이라고 불리는 수문이 있어서 그

문을 열고 닫음으로써, 보트를 1미터에서 10미터 정도까지 올리고 내린다.

여기서 힌트를 얻은 것이 평탄한 자전거 전용도로이다. 시내에 자전거 전용 고가도로를 거의 수평으로 만든다면, 언덕을 오르는 일이 없어지기 때문에 어디까지나 자력으로 페달을 밟아 쾌적하게 달릴 수 있다. 공중의 고가 전용 레인을 타기까지는 자전거와 함께 탈 수 있는 엘리베이터를 사용한다.

이 자전거 전용도로에는 인력 자전거가 달릴 수 있고, 인력 자전거를 2인승, 3인승으로 하면 배기가스가 전혀 발생하지 않는 교통수단이 될 것이다.

게다가 이 자전거 전용 고가도로에 지붕을 달면 비도 막을 수 있다. 목적지에 도착할 때는 내리막길을 이용하면 자전거는 최고의 교통수단이 된다.

현재의 기술로는 거의 평탄한 도시에 자전거 전용도로를 만들어 자동차를 되도록 사용하지 않도록 할 수 있을 것이다. 건축 설계 단계에서 장애자를 고려한다면 휠체어도 달릴 수 있다.

장거리를 가야 한다면 전철이나 지하철을 이용한다고 해도, 대도시의 도심부라면 자전거로도 충분할 것이다. 한때 SF 만화에서는 건물과 건물 사이로 굵은 파이프가 구불구불 연결되어 있어 그 속을 탄알 열차가 달리고 있는 듯한 그림이 많았는데, 파이프 속의 열차를 자전거로 바꾸기만 하면 되는 것이다. 공중에 드리워진 투명한 튜브 속을 자전거로 달린다면 얼마나 기분이 좋을까?

③ 10년 전 : 접는 자전거

이 즈음에 내가 생각한 자전거는 접으면 서류가방에 넣을 수 있는 것이었다. 출퇴근할 때 이 자전거로 집에서 역까지 달리고, 역에서 자전거를 서류가방에 넣고 전철을 탄다. 회사 근처의 역에 도착하면 다시 자전거를 조립해서 달린다는 방식이다. 통근뿐만 아니라, 고객을 방문할 때도 사용할 수 있다. 나는 이것에 대해 실용 신안을 신청하기도 했다.

그 서류가방 크기의 자전거를 가족의 수만큼 실은 미니카를 대형 사륜차에 보관한다는 아이디어였다. 이것이라면 실현 가능할 것 같다.

휠체어도 여행용 가방으로 변신하도록 설계가 되어 있으면, 신체장애자의 해외여행도 편리해질 것이다.

④ 5년 전 : 전동 보조 동력 자동차

야마하(YAMAHA)가 전동 보조 동력이 달린 파워 어시스트 자전거를 시장에 내놓았을 때 나는 그 자전거를 보고, '이 방식으로 인력 자동차를 더욱 재미있게 만들 수 있다'라고 노트에 적었다.

베트남의 인력거 시클로나 인도나 네팔의 릭사 등은 파워 어시스트 자전거로 대중 교통수단으로 부활하고 있다. 시클

로나 릭샤는 앞으로 도심부의 주요한 근거리용 교통수단이
될 가능성이 있다. 이제 도심부는 자동차의 포화상태이기 때
문이다.

　우선은 전동 보조 삼륜 자전거에 추가 배터리를 달면, 한 번
의 충전으로 파워 어시스트로 달릴 수 있는 거리를 대폭 늘릴
수 있다. 게다가 초소형의 엔진과 발전기를 뒤에 달면, 전지 용
량이 떨어졌을 때 발전기가 자동으로 움직여서 충전을 시작하
는 구조는 생각만 해도 멋진 일이다.

　발상을 노트에 적는다는 것은 노트와 당신의 머릿속의 관계
수립에 있어서 결정적인 문제이다. 노트에 발상이 적혀 있지
않고 사실의 기록이나 일지 같은 것만 적혀 있을 뿐이라면, 참
고의 가치는 있을지 모르나 자신의 사고의 분신이나 사고의
자취 같은 것을 찾기는 어렵다.

　자신의 발상이 적힌 노트는 더할 나위 없이 가치 있는 것이
되고, 자신에게 가치가 있는 한 그 노트는 버릴 수 없게 되는
것이다.

　노트라는 지면에는 사고의 연속성이 나타난다. 그 연속성이
뇌에 영향을 미치게 된다. 이 뇌와 사고와 노트와의 순환성을
높이는 것이 노트의 커다란 역할이다. 발상 노트는 이 순환성
을 높이는 이상적인 노트, 즉 '무엇이든 쓰는 노트'라고 나는
생각한다.

나머지는 천천히 시간을 들여서 이들 발상을 실용화하는 것
이다.

POINT

1. 빌싱이 적힌 노트는 살아 있으며, 언제까지나 남겨둘 가치가 있
   다.
2. 개인이 남긴 무수한 발상을 많은 사람들이 볼 수 있고, 그 발상
   을 발전시켜 나가는 것이 미래 지혜사회(Wisdom Society)의
   모습이다.

발상 노트의 기록법

　'자신의 노트'를 정할 때는, '이 노트를 항상 휴대할 수 있을까?'를 생각하는 것이 중요하다.

　집에서만 사용하는 노트, 회사에서만 사용하는 노트라는 식으로 별도의 노트를 생각하면, 노트의 일상적인 사용이 어려워지고, 노트의 효과는 극히 떨어진다. 한 종류의 노트를 출퇴근할 때나 업무로 외출할 때 항상 휴대하는 것이 무엇보다도 중요하다.

　노트의 크기도 중요하다. 너무 큰 노트는 휴대할 수 없고, 너무 작은 메모장 같은 것은 기입하는 공간이 작아서 글씨를 작게 쓰거나 또는 생략해서 쓸 수밖에 없다. 그것도 때론 귀찮은 일이다.

　결론적으로 노트의 크기는 가능한 한 휴대할 수 있는 만큼 커야 한다. 수첩이 아니라 언제나 가지고 다닐 수 있는 노트를 결정하는 것이 중요하다. 내가 추천하고 싶은 노트는 A5 크기인데, B5 크기도 충분히 사용할 수 있다.

발상 노트 기록법

1. 오늘 몇 개째 발상인지 기록한다.

2. 발상 일시   발상이 떠오른 연월일

3. 발상 번호

손으로 쓰다가 100개가 넘으면 넘버링 기계로 번호를 매기면 편리하다.

4. 발상 분류

대분류, 예를 들면 '자동차', '문구', '컨셉', '계획' 등

5. 발상 내용   생각을 한 내용

6. 발상의 그림   발상을 그림이나 도표로 보여준다.

7. 발상 밸런스

개시일을 '±0'으로 계산하여, 현재의 발상 수치를 기록한다.

살아 있는 노트가 되려면 언제 어디서든 떠오르는 발상을 적을 수 있는 발상 노트여야 한다. 여기서는 발상 노트를 활용하는 아이디어 마라톤의 기재방법을 제시하도록 한다.

반드시 위에서 열거한 일곱 가지 항목을 기입해둔다. 이외에 중간 분류나 소분류를 설정해도 상관없고, 나처럼 1주일 단위의 수치(발상 밸런스)를 설정해도 상관없다.

예를 들면 소파에 앉아 신문을 보는데, 마사지 의자 광고를 보았다고 해보자. 거기서부터 공상이 시작된다.

① 2002년 11월 3일 001 ±0(소파)

옆으로 누워서 TV를 볼 수 있는 소파와 진동식의 마사지를 조합한다.

주_ 하루 1개의 발상을 생각해내기로 정하고 아이디어 마라톤을 실행한다. 첫 번째 발상은 '±0'이라고 표기한다(2개를 생각해냈을 경우 처음으로 플러스가 된다).

② 2002년 11월 3일 002 ±1(소파)

전동 어깨 마사지기를 일반 소파에 조합한다.

주_ 발상은 2개째가 되어 +1이 된다.

③ 2002년 11월 3일 003 +2(소파)

평상시 그 어깨 마사지기는 헤드레스트 역할을 한다.

④ 2002년 11월 3일 004 +3(차)

차의 헤드레스트가 정차시에는 어깨 마사지기가 된다.

주_ 이날은 여기까지 발상을 냈다고 하자. 따라서 4개를 내고, 이 날의 플러스 상태는 3개가 된다. 따라서 '+3'이 된다.

다음날에도 소파의 발상이 계속되고 있다고 해보자.

① 2002년 11월 4일 005 +3(소파)
자동 흔들의자

주_ ①은 이날의 최초의 발상이라는 의미이고, 2개 이상이면
플러스가 되므로, 수치의 '+3'은 4개째 발상이라는 뜻이다.

② 2002년 11월 4일 006 +4(소파)
흔들리는 정도를 바꿀 수 있다.

③ 2002년 11월 4일 007 +5(소파)
그네처럼 움직인다.

이는 모두 상품에 대한 발상이지만, 여기에는 소프트웨어나
계획, 컨셉도 포함할 수 있다. 예를 들면 다음과 같은 것도 기
록할 수 있다.

① 2002년 11월 5일 008 +5(꿈)
사람들에게 꿈을 주기 위한 계획으로 화성 탐사를 계획해보
면 어떨까?

② 2002년 11월 5일 009 +6(꿈)

그 달성의 시기를 언제로 하는가? 2015년이면 어떨까?

③ 2002년 11월 5일 010 +7(꿈)

목적은 화성의 양극 빙하를 탐험하는 것.

④ 2002년 11월 5일 011 +8(꿈)

관민 공동으로 이 계획을 달성한다.

이와 같은 방식으로 아이디어 마라톤의 노트 기술은 계속된다.

POINT

1. 노트의 기술은 날짜순, 시간순으로 한다.
2. 페이지를 띄우지 않는다. 공백을 만들지 않는다.
3. 발상은 되도록 조금씩 완결하며 쓴다.
4. 되도록 그림까지 그려넣는다.

첫 노트의 감동

발상이나 일기를 적은 노트의 첫 권을 완성했을 때, 작은 감동을 느낄 것이다. 완성한 첫 노트를 다시 읽으면, 이렇게 아이디어가 모이는 것인가 하고 나 스스로도 놀란다. 이 감동은 수첩이나 카드, 컴퓨터 파일로는 결코 느낄 수 없다.

자신의 발상 능력을 믿지 않았던 사람이 매일 몇 개씩의 발상을 쓰는 아이디어 마라톤을 시작한 지 몇 개월이 지나면, 자신이 다른 세계로 나아가는 것처럼 느껴진다. 자신에게 이런 능력이 있었는지 믿을 수 없는 느낌이 들 것이다. 사람에 따라서는 자신의 초능력을 발견한 기분조차 든다.

자신이 생각한 1,000개에 가까운 발상이 수백 페이지가 된 것을 다시 검토해보면, 사람의 뇌라는 것이 이렇게 잡다한 여러 가지 일을 생각하는 것임을 실감할 것이다. 당신의 사고능력은 전혀 도태되지 않은 것이다.

그러나 한 권의 노트가 다 끝나감에 따라 가벼운 불안감에 휩싸인다. 노트가 바뀌어도 전과 마찬가지로 발상을 계속 낼 수 있을까 두려운 마음이 드는 것이다.

다음 노트로 옮겨도 발상을 계속 낼 수 있다. 수천 개의 발상을 기록하면 하나의 위험이 다가온다. 자신이 낸 특정 발상에 미련이 남는 것이다. 한두 개의 발상에 현혹되어 그 발상에 심취하고, 그 발상을 실현하려고 한다. 특정 발상을 실현하기 위해서는 모든 것을 내던져도 상관없다는 생각이 드는 것이다. 발상은 사람을 맹목적으로 만든다.

발상의 실현을 위해서라는 핑계로 새로운 발상을 생각해내고 기록하는 것을 게을리하기 시작하면, 발상의 습관 자체가 멈추어버린다.

수천 개의 발상을 내면, 그 속에 빛나는 보석과 같은 발상이 섞이기 시작하여 그 빛에 현혹되어버리는 것이다. 내가 발견한 아이디어 마라톤의 법칙 중에 '유효발상 밀도'라는 것이 있다. 유효발상 밀도란 자신만의 고유한 발상을 계속 내는 한 그 속에는 0.3퍼센트 정도의 훌륭한 발상이 포함된다는 것이다.

1,000개 정도의 발상을 내면 3개 정도는 자신도 감탄할 정도의 발상이 포함될 가능성이 높다. 이것은 나의 경험에서 나온 생각인데, 거의 모든 사람에게 통할 것이다.

3개 정도의 멋진 발상을 귀중하게 여기고, 그것들을 실현하려는 노력도 중요하지만 아이디어 마라톤을 정지해서는 안 된다. 아이디어 마라톤의 목적은 당신으로부터 수천 개의 발상을 꺼내는 것이 아니다. 발상 속도와 영역을 폭발적으로 넓힘으로

써 당신이 가지고 있는 잠재된 힘을 전부 발휘하게 하는 것이다. 완전히 발휘하고, 더욱 멋진 발상을 계속 내는 것이다.

발상을 지속함으로써 신기하게도 아이디어는 자연히 실현된다. 당신이 기록한 우수한 발상은 스스로 움직이기 시작하고 반드시 실현된다. 서두르지 않아도 된다. 아이디어 마라톤에서 여러 가지 기획이나 계획을 세우면, 그것들은 실현 가능성이 높아진다.

아이디어 마라톤을 멈추지 않고 계속하는 한 뇌가 스스로 훌륭한 발상의 여러 가지 면을 검토하기 시작한다. 기획이나 계획을 계속 굳혀가기 때문에 보다 구체적이고 실제적인 아이디어가 되어가는 것이다.

최초의 노트를 마치고, 두 번째 노트에 들어간 후에도 당신은 나처럼 첫 번째 노트를 그리워할 것이다. 두 권 정도라면 한동안 가방에 넣고 다니면 될 것이다. 수백 권의 노트가 쌓인 지금도 나는 첫 번째 노트를 마쳤을 때의 감동이 늘 그립다.

POINT

1. 한 권의 노트로써 자신에게 잠재된 힘을 발견할 수 있다.
2. 수많은 발상 중 훌륭한 발상이 섞여 있을 확률은 0.3퍼센트, 회사 내에서 그룹 단위로 발상을 내면, 그 확률은 더 높아질 것이다.
3. 다 쓴 노트를 책장에 진열해보면 발상의 양을 알 수 있다.

외국어 학습 노트 활용법

1994년, 베트남 주재가 결정되었다. 출발하기 전에 인사부의 부장이 내게 "히구치 씨, 베트남어 열심히 공부하게"라고 말했다.

그렇지 않아도 베트남어를 공부할 생각이었다. 하노이에 도착해서 며칠이 지나자 대학에서 가르치는 베트남어 선생을 소개 받았다. 매일 아침, 1시간 일찍 출근하여 회의실에서 개인 지도를 받기로 했다.

베트남어 발음은 일본인에게는 굉장히 어렵다. 옛날에는 한자였던 것이 알파벳으로 변환된데다가, 여섯 가지 음조를 가지고 있는 복잡한 발음 체계 때문에 말을 배우기가 쉽지 않다. 반대로 말하면 그만큼 공부하는 보람이 있는 언어였다.

남북으로 긴 나라인 베트남은 북부와 남부의 발음이 아주 달랐다. 처음에 배운 것은 북부 베트남어였는데, 한참 지나서 선생에게 일상생활이나 업무에서 사용할 수 있는 베트남어를 가르쳐달라고 부탁했다. 쇼핑이나 레스토랑에 갈 때, 차로 출장을 갈 때, 무엇보다 매일 여러 회사나 정부 기관을 방문할 때 사용할 수 있는 '살아 있는 베트남어'를 배우고 싶었던 것이다.

화이트보드에 내가 먼저 영어로 필요한 회화 문장을 썼다. 이것을 선생과 함께 베트남어로 번역해가며 그것을 노트에 베꼈다. 마지막으로 선생이 내 노트를 검사하면 한 번의 교습이 끝났다.

지금도 그때 공부한 '일본어 문장'을 기억하고 있다.

나는 오늘 국도 5호선을 타고 하이퐁을 향해 출발했다. 지금은 아침 6시. 하노이 시내는 자동차들로 혼잡해서 차가 천천히 달렸지만 교외에 나가서 비로소 속도를 낼 수 있었다. 운전수는 쿠이 씨였다. 5호선은 위험하다.

"쿠이 씨, 조심해서 운전해주세요."

"알겠습니다, 히구치 씨."

하이퐁에서는 ○○를 방문할 예정이었다. 그곳에서 회의가 있는데, 저녁 때까지는 돌아오기로 되어 있었다.

1시간 징도 달렸을 때, 도로기 그게 굽어저 있었디. 차가 인쪽으로 돌자, 쿠이 씨가 소리를 질렀다.

"어휴, 이게 뭐야?"

물소를 탄 소년이 도로를 건너고 있었다. 물소 뒤에는 돼지 2마리, 양 1마리, 오리 20마리가 길을 건너는 중이었다.

쿠이 씨는 자기도 모르게 핸들을 틀었다. 무사히 오리 떼를 피했지만 차는 도로에서 밭으로 뛰어 들어가버렸다.

정신을 차려보니, 나는 도로에 누워 있었다. 왼손으로 머리, 얼굴, 가슴을 만졌는데 괜찮았다. 그런데 다리가 움직이지 않았다. 피가 흘렀다. 보아하니 쿠이 씨는 괜찮았던 모양이다.

"쿠이 씨, 서둘러서 하노이 사무소와 집에 연락해주세요. 그리고 구급차를 불러주세요."

"알겠습니다."

"그리고 의사에게는 주사를 놓는다면 반드시 새 바늘을 사용하라고 말해주세요. 간염이 무서우니까요."

나는 다시 정신이 아찔해졌고, 정신을 차리고 보니 구급차 안이었다.

하노이에서 하이퐁으로 향하는 국도는 아주 위험하다. 매일 몇 건의 교통사고가 일어났다. 더 조심해서 운전해야 했다.

이 문장을 선생과 3일에 걸쳐서 베트남어로 옮겼다. 그것을 노트에 적고 단어의 주석을 달았다. 물소나 돼지 옆에는 닭, 소, 염소 등의 단어도 덧붙여둔다.

이리하여 나의 베트남어 노트에는 하이퐁 출장용의 교과서가 만들어졌다. 이 교과서를 깡그리 암기하면 준비 완료이다.

나의 운전수는 앞의 문장에서 말한 대로 쿠이 씨다. 당시 중요한 일이 있어 쿠이 씨의 차를 타고 종종 하이퐁에 갔었다.

하노이의 아침은 일찍 시작된다. 아침 6시경부터 러시아워였다. 복잡한 하노이 대로를 지나는 동안 차 안에서 나의 베트남어 학습이 시작된다.

나는 교통사고 편의 교과서를 거의 암기해서 쿠이 씨에게 들려준다. 외우지 못한 부분이 있으면 노트를 슬쩍 본다. 처음에 쿠이 씨는 쓴웃음을 지었다. 군인 출신인 그는 운전 실력만큼은 확실해서 사고를 낼 걱정이 없었지만, 도로에서 상대방이 일방적으로 뛰어 들어오는 불운은 어쩔 수 없었던 것이다.

교통사고를 사전에 막는 유일한 방법은 그날에 교통사고가 일어날지도 모른다는 생각으로 조심 운전하는 것이다. 나는 베트남어 공부를 하면서 동시에 하이폰으로의 자동차 여행의 안전관리를 함께 하고 있었던 것이다.

이 문장을 암기하여 몇 번이나 소리 내어 읽었다. "쿠이 씨, 조심해서 운전해주세요"라고 말하면, 쿠이 씨가 직접, "알겠습니다, 히구치 씨"라고 답변해주기 때문에 현장감이 있었다.

교통사고 장면이 되면, "어휴, 이게 뭐야?"라고 그가 말할 차례였다. 이것은 최고의 학습 방법이었다. 이른 아침에 집에서 나올 때도 이 문장 연습을 되풀이했다.

나의 부하직원 중 한 명은 이 학습법을 싫어했다. 베트남인인 그의 말에 따르면, 불행한 이야기를 하면 불행의 신이 가까이 온다는 것이다. 베트남인은 또 어떤 일에 대해 너무 자랑하거나 칭찬하면 신이 질투를 한다고 생각한다. 남의 아기를 칭찬해서도 안 된다. 그러면 신이 질투하여 아기를 저 세상으로 데리고 간다고 그들은 굳게 믿고 있다.

나의 생각은 달랐다. 신은 짓궂어서 불행한 이야기를 하면, 토라져서 가까이 오지 않는다는 게 나의 믿음이다. 그들의 생각과는 완전히 다른 것이다. 물론 내가 상사였기 때문에 나의 이론을 밀어붙여서 노트를 펼치고 연습했다.

"이것 봐, 오늘은 안전하게 돌아올 수 있었잖아. 잘됐지. 이 학습 덕분이야"라고 말하면, 부하직원과 나 사이에 서 있는 쿠이 씨가 쓴웃음을 지었다.

'암기할 필요가 있는 것을 노트에 적는다. 그 노트를 항상 지참하고 다닌다. 암기하기 위해서 어디에서나 소리 내어 읽는다.'

이것이 적극적으로 암기하기 위한 외국어 학습 노트다.

이 학습법은 네팔에서도 이루어졌다. 지방 출장에서 돌아오는 길에 종종 안개 때문에 비행기가 뜨지 못하고 몇 시간째 기다려야 하는 경우가 있는데, 그때마다 노트를 꺼내어 네팔어 공부를 했다. 그것도 보통 때의 공부 방법과는 다르다. 내가 고안한 방법은 '주위의 모든 사람을 끌어들여 선생님으로 만든다'는 것이다.

우선 우리를 기다리게 만든 장본인인 항공회사 카운터에 노트를 가져가서, 이미 탑승객 등록을 마치고 할 일 없이 서 있는 담당 직원에게 억지로 부탁하는 것이다.

"내가 이 부분을 말할 테니 당신은 여기를 읽어주세요."

노트에는 전화 응대 내용이 기록되어 있었다. 담당 사원을 상대방으로 가정하고 연습하는 것이다.

그 회화를 한 번 마치고 나면, 이번에는 역할을 바꿔서 다시 한 번 한다. 담당 직원도 지루해하고 있던 터라, 웃으면서 고객 서비스 차원에서 도와준다. 다른 손님을 놔두고 나의 네팔어 공부를 도와주려는 사람도 있을 정도로 나의 공부법은 인기가 있었다.

그곳에서의 레슨이 끝나면 이번에는 마찬가지로 지루해하고 있는 매장의 귀여운 아가씨한테 가서 선생님이 되어달라고 부탁한다. 그 다음에는 입구의 라이플을 들고 서 있는 경비원에게 간다. 이런 식으로 계속 선생님을 바꾸는 공부가 이어진다. 그래도 비행기가 뜨지 않으면 처음의 항공회사 직원을 찾아가 다시 시작하는 것이다.

3시간 정도 이렇게 반복하다 보면 어느새 완벽하게 암기할 수 있게 된다. 이것이 외국어 학습 노트의 사용법이다.

나름대로 이 방법에 대해 완벽한 외국어 학습법이라고 자부하고 있는데, 한 가지 큰 결함을 발견했다. 학습법의 결함이라기보다는 나의 능력의 결함이라고 하는 것이 더 맞을지도 모른다. 사막에 비가 그치면 그 비가 만들어놓은 샘이 순식간에 사라져버리듯이 부임지를 떠나면 애써 배운 언어를 깡그리 잊어버리는 것이다.

외국어 학습 노트의 암기법

1. 현지의 선생으로부터 개인 레슨을 받는다.

쇼핑이나 레스토랑, 자동차 안, 고객 회사나 정부기관을 방문할 때 등 일상생활이나 업무에서 사용할 수 있는 '살아 있는 외국어'를 배우기 위해 자신의 노트에 교과서를 만든다.

1레슨 1테마의 흐름

1. 화이트보드에 영어로 회화 문장을 쓴다.
2. 선생과 함께 현지어로 번역한다.
3. 노트에 베낀다.
4. 선생이 나의 노트를 검사한다.

2. 노트를 항상 가지고 다니며, 현지인을 상대로 회화 연습을 한다.

이동하는 차 안에서

운전수를 상대로 암기한 예문을 몇 번이고 들려준다.
(교통사고 방지가 되는 주제를 되풀이하면 일석이조)

공항에서의 대기 시간에

항공회사의 담당자를 상대로 회화 내용을 기록한 노트를 보여준다.
회화를 한 번 마치면 역할을 바꿔서 한다.
매점에서 일하는 직원에게 선생님이 되어달라고 부탁한다.
공항 경비원을 상대로 회화 연습을 한다.
그래도 시간이 남았을 때 다시 되풀이하면 완벽하게 암기할 수 있다.

사우디아라비아에 주재하고 있을 때는 아랍어를 배워둔 덕에 지방에 가서도 언어가 통했다. 그런데 귀국해서 1년도 채 지나지 않아 모두 잊어버렸다.

베트남어도 마찬가지이다. 노트에 비즈니스 베트남어의 교과서를 만들기도 했고, 당시 프로젝트 개최식 때는 베트남어로 연설했을 정도였는데, 일본으로 귀국한 지 몇 년 지나지 않아 완전히 잊어버렸다.

체재 중에는 그 나라의 언어를 조금이라도 구사할 수 있어야 편리하다. 이와 같이 암기 노트는 만들 때부터 자신의 필요성에 맞추는 것이 중요하다. 이것을 되풀이하여 사용하는 것은 더 중요하다.

POINT

1. 자신에게 필유한 용도에 맞춰, 노트에 외국어 학습 교과서를 만든다.
2. 노트를 항상 가지고 다니며, 현지인을 상대로 실제로 써보는 것이 가장 좋은 방법이다.
3. 잊어버리는 것도 사람의 습성이다. 다시 한 번 공부하면 된다.

스케치가 있는 출장 보고서

사우디아라비아에 살면서 가장 놀란 것은 한 달에 걸치는 라마단의 체험이다. 라마단은 단식의 달로 유명하지만 한 달, 정확하게는 29일 동안 낮에는 식사를 하지 않는 단식월을 말한다. 식사는 물론 물도 마시지 않고, 담배도 피우지 않는다. 식사는 밤중에 한다.

아랍인의 표현에 따르면, '흰 실과 검은 실을 구별할 수 있는 아침부터 구별할 수 없는 저녁'까지가 단식 시간이다. 낮에는 침조차 삼키지 않는 사람이 있을 정도이다. 낮에 식사를 하거나 담배를 피운 것이 들키면 종교 경찰에게 심문 받을 가능성이 있다.

이슬람교도는 자신의 가슴에 손을 얹어, 신의 조람하에 먹었는지 안 먹었는지를 판단한다고 한다. 이슬람교도가 아닐지라도 공공의 장소에서 식사를 하는 것은 이슬람교도에게 식사를 하자고 유혹하는 것으로 판단되어 좋은 일이 아니다. '상사 주재원, 이슬람의 단식 기간에 밥을 먹고 체포당하다'라는 기사가 신문에 나온다면 창피한 일이 될 것이다.

채소가게처럼 식품을 파는 가게도 낮에는 문을 닫는다. 외국인은 몰래 집에서 여느 때와 다름 없이 식사를 하지만, 그래도 냄새가 나는 요리는 가급적 하지 않는다. 보통 때도 더운 아랍의 낮에 배고픔은 참기 어려운 고통이다. 고급 호텔에서는 낮에 룸서비스로 식사를 할 수 있지만, 보통 호텔에서는 외국인도 낮에는 식사를 할 수 없다. 이런 사정 때문에, 라마단 기간에는 외국인이 아랍을 여행하기에 좋은 분위기가 아니다. 이 시기가 되면 일본에서도 아랍으로 출장 오는 일이 거의 없다.

라마단 기간에 아랍에 거주하는 외국인은 휴가를 떠난다. 우리도 이 시기에 연간 휴가를 떠났다가 라마단이 끝날 무렵 일상적으로 식사를 할 수 있게 되는 날에 맞추어 돌아오는 일이 많았다.

휴가를 마치고 리야드에 돌아왔을 때였다. 사무소에는 거래하고 있는 일본의 전기회사의 영업과장이 보낸 메시지가 있었다.

'히구치 씨, 라마단 중에 여기로 출장을 왔습니다. 내일 귀국할 예정입니다. 호텔로 연락해주세요.'

'이 단식 기간에 출장 오다니 대단하다'라고 생각하면서, 호텔로 연락하여 만나러 갔다.

"2주 정도 계속 지방 대리점을 돌다 왔습니다."

"이 라마단 시기에 지방 도시를 들르시느라 힘드셨지요?"

"네, 낮에는 식사를 할 수 없어서 힘들었지요."

라마단 중에는 낮에 가게를 열지 않을 뿐만 아니라 일도 하지 않는다. 그 역시 대리점을 방문했지만 밤 1시에 오라는 말을 들었다고 한다. 그 과장은 한 권의 대학 노트를 가지고 있었다. 그가 지방의 한 대리점에 대해 설명할 때 안쪽 페이지가 눈에 들어왔다.

"노트에 스케치를 하셨군요. 제게 보여주실 수 있습니까?"

내가 그에게 부탁했다.

"여기 있습니다."

그가 가볍게 보여주었다. 아무 생각 없이 노트를 펼쳐본 나는 깜짝 놀랐다. 노트의 전 페이지에 걸쳐 자신이 방문한 지방의 대리점을 자세하게 스케치해놓고 있었다.

그것도 보통 수준의 스케치가 아니었다. 대리점 부근의 거리까지 그려넣은 파노라마 스케치였다. 옆집 가게와 그 옆집 가게까지 그 거리의 가게가 모두 그려져 있었다. 가게 주인의 특징, 고객의 모습, 상품의 전시 배치까지 상세히 기입하고 있었다.

"아, 너무 대단합니다! 이런 노트는 처음 봅니다. 가게에 대해 정말 잘 알 수 있군요."

"이것이 저의 출장 보고서입니다."

앞에서 말한 대로, 노트에는 모든 대리점의 주변 스케치와 그 주인의 얼굴과 특징이 상세히 그려져 있었다. 사우디아라비아에서는 사진촬영이 금지되어 있고, 특히 라마단 중에 깜빡해서 카메라를 꺼내기라도 했다간 종교 경찰에 붙잡히기 쉽다. 단, 스케치라면 문제 없다.

"이만큼 꼼꼼하게 그리려면 굉장히 많은 시간이 걸렸을 텐데요? 그것도 라마단 중에."

"뭐, 별것 아닙니다. 시간이 많았거든요."

영업과장은 아무것도 고생한 게 없다는 듯이 웃었다. 그러나 그것은 바로 열사 속에서 배고픔을 견디며 만든 살아 있는 출장 보고서였다.

POINT

1. 출장 보고서에 스케치를 그려넣으면, 강렬한 인상을 남길 수 있다.
2. 사진을 넣어도 생생한 보고서가 된다.

6

학교에서 가르쳐주지 않는
노트 사용법

자발적인 노트 쓰기

학생들에게 노트를 주면 바로 뭔가 적지 않고 좀처럼 쓸 생각을 하지 않는다. 선생님이 뭔가 적으라고 말해보지만, 학생들은 무엇을 써야 하는지 모른다. 게다가 써보라는 말을 들으면 더욱 쓸 수 없게 된다. 쓰는 것의 폐쇄상태에 빠져 있는 것이다.

선생님이 학생들에게 이렇게 말한다.

"여러분, 오늘은 작문 수업입니다. 지금부터 30분 동안 여러분의 생각을 글로 써봅시다."

"모레까지 제출하는 작문 숙제입니다. 제목은 '가을을 생각한다' 입니다. 알았어요?"

선생님이 이렇게 말했을 때, 학생들이 바로 알아듣고 쓸 수 있다면 학교는 필요하지 않을 것이다.

쓰는 것의 폐쇄상태를 벗어나기 위해서는 몇 가지 조건이 있다.

학생들이 글을 쓰게 하는 가장 간단한 방법은 선생님이 학생과 이야기하거나 토론하거나 아이디어를 서로 내면서, 학생

이 표현하고 싶어하는 뭔가 독특한 발상이나 구체적인 생각을
보충해주는 것이다.

"그래, 맞아, 바로 지금 너가 말하고 있는 것, 그걸 쓰면 되
는 거야. 그래 그래, 빨리 써봐"라며 의욕을 북돋아주면서 학
생이 말한 내용을 간단하게 정리하여 쓰게 한다. 그것이 자발
적인 글 쓰기의 출발점이다. 즉 대화 속에서 학생의 주장이 담
긴 부분을 지적하고, 그것을 끄집어내어 설명하고, 그 생각이
독특하다고 칭찬하고, 글로 쓰도록 유도해야 한다. 이런 훈련
이 익숙해지면 자기 발언 속의 요점을 스스로 찾아낼 수 있게
된다. 그렇게 되기까지는 다소 시간이 걸리는 것이 당연하다.

학생들이 쓴 글을 읽고 조언하고 격려해준다.

"많이 좋아졌네. 문장을 상당히 잘 쓰는구나. 그런데 이런
말도 하지 않았니? 빠진 부분을 보충해서 다시 한 번 써보렴."

이런 방법으로 우리 집에서는 15년 동안 아이들에게 글을
쓰게 해왔다. 문체의 특징을 파악하고, 그 문체를 손상하지 않
도록 하면서 부족한 내용, 적절한 문장의 순서, 형식과 단어
선택에 대해 조언을 했다. 이런 반복이 글 쓰기로 이어진다.

단 한 가지 문제가 되는 것은 이를 실행하기 위해서는 짧은
시간이라도 개인지도에 가까운 교육이 필요하고, 그만큼 선생
님의 수를 늘릴 필요가 있다는 것이다.

다수의 학생을 상대로 하는 수업에서도 노트에 쓰는 법을
가르치는 데는 최소한의 개인지도 시간을 잡을 필요가 있다.

초등학교부터 대학교까지 16년 동안에 걸쳐 이런 교육이 이루어진다면, 누구든지 글 쓰는 것을 좋아하게 될 것이다. 자신이 쓰고 싶은 것을 원고지와 같은 낱장의 종이에 적지 않고, 노트에 계속 쓰다 보면 훌륭한 인생 노트가 만들어진다.

이것이 바로 '아이들에게 글을 쓰게 하는 히구치식 순환 방정식'이다.

노트 사용법에 대한 수업은 대화와 발상과 기술을 조합하여 쓰고, 또 쓰고, 다시 수정하며 쓰게 하는 것이다. 학창시절에 자신의 문체를 발견하게 되면 사회에 나가서 어떤 일을 하든지 간에 두려움이 없어진다.

POINT

1. 학생이 저도 모르게 콧노래를 흥얼거리며 쓸 수 있도록 만반의 준비를 갖춘다.
2. 학생은 자기가 쓴 것을 선생님에게 자랑하면서 보여준다.
3. 선생님은 학생이 쓴 글을 칭찬하여 더 쓰고 싶도록 북돋아준다.
4. 선생님은 학생의 사존심을 추켜세우면시 직접 수정하도록 하고, 더 쓰고 싶게 만든다.
5. 학생은 수정하고 추가로 더 쓰고 나서, 자랑스럽게 선생님한테 보여준다.
6. 선생님은 학생이 다시 고쳐 쓴 글을 더욱 칭찬한다.

쓰는 즐거움을 가르쳐준다

학교에서는 학생에게 노트 쓰기에 대해 어떻게 가르치고 있는가? 노트에 쓰는 것이 훌륭하고 즐거운 일이며, 자신의 인생에 최고의 양념을 더해 만족감을 주는 일이라고 가르치고 있는가? 혹시 따분한 수업 방식 때문에 학생들이 무의식적으로 쓰는 것은 힘들고, 싫고, 귀찮은 일이라고 생각하는 것은 아닌가?

선생님의 수업 내용을 노트에 반듯하게 받아쓰도록 하기 전에 먼저 학생들에게 가르쳐야 할 것이 있다. 자연스럽게 노트를 사용하는 습관, 노트 쓰기를 즐기는 방법이다. 그러기 위해서는 우선 자신이 생각한 것을 써보도록 권하는 것이 중요하다. 자신의 의견이 많이 적힌 노트가 완성되어가면, 노트에 대해 감정이입이 생긴다. 이는 단순히 선생님이 칠판에 쓴 내용이나 말한 내용을 적는 노트와는 다르다. 노트를 소중하게 다루게 되고, 그것이 학생들의 지적 깊이를 더해준다.

일기 쓰기는 평소의 숙제이기도 하지만, 특히 여름방학이나 겨울방학의 일기 쓰기는 학생들에게는 어두운 추억으로 남아 있다. 자기 전에 일기를 꺼내어 쓴다는 것은 상당히 어려운 일이다. 게다가 일기 내용이 그날의 행동 기록에만 한정되면 무미건조하기 짝이 없다. '집에서 컴퓨터 게임을 하고 놀았습니다. 3일 걸려서 게임을 다 깼습니다. 재미있었습니다'라는 식이 된다. 도대체 이런 것이 소중한 기억이 될 수 있을까? 제발 이런 일은 시키지 말아달라고 부모님이나 선생님들에게 부탁하고 싶다.

쓰는 것이 즐거운 일임을 학생들이 이해하면, 노트 쓰기의 중요성과 목적을 자연히 이해할 수 있게 된다. 자꾸자꾸 쓰다 보면 수업 시간의 노트 필기도 자연스럽게 충실해질 뿐만 아니라, 집중력이 향상되고 졸음도 날아가고 이해력이 생긴다. '즐거운 노트'가 되려면 노트는 수업 내용만을 쓰는 것이 아님을 가르쳐야 한다.

자기의 생각을 쓰는 것이 즐거워지고, 쓰는 일에 재미가 붙어 일기, 발상, 의견까지 쓸 수 있게 된다. 노트 쓰기에 충실해지고 즐거움을 맛볼 수 있다.

학창시절부터 자신의 연속 노트를 가지도록 가르치는 것은 학교와 교사의 책임이다. 글 쓰기의 즐거움을 아는 사람이라면 누구나 사회인이 되어서도 연속 노트를 가지는 것이 얼마나 멋진 일인지 상상할 수 있을 것이다. 이 인생 노트는 무한한 가능성을 가지고 있어 그 사람의 인생의 후원자가 되어준다. 이렇게 되면 기본적으로 쓰는 것이 즐거워진다.

초등학교 때부터 모든 시기를 통틀어서 자신의 노트를 가지기를 권한다. 물론 선생님과 부모님 역시 자신의 연속 노트를 가진다는 전제조건이 필요하다. 노트에 날짜, 시간순으로 쓰도록 지도함으로써, 학생들은 학교 교육의 심지(Backbone)를 몸에 익히게 된다.

이것은 학생뿐만 아니라 사회인에게도 통하는 일이다. 회사 내에서도, 연구소나 가정에서도 1인 1노트를 가지자. 거기에 여러 가지 추억을 계속 적어나가면, 일이나 생활에서 모두 좋은 효과가 나타난다.

선생님들은 어떻게 학생들에게 자신의 노트를 가지도록 지도해야 할까? 학생이 노트에 쓴 내용을 보고 자세하게 적혀 있는지, 이해할 수 있게 쓰고 있는지를 체크하고 나서 학생들을 격려하는 것이 중요하다. 학생들이 노트에 필기하는 모습을 체크하는 보조 교사가 교실에 있다면 더욱 효과가 클 것이다.

매시간은 아니더라도 가끔 학생들의 노트를 읽어보고 열심히 쓰고 있는 모습을 칭찬해주라. 글씨를 잘 쓰고 못 쓰고는 중요하지 않다. 오히려 글씨를 잘 못 쓰는 학생이야말로 노트를 계속 써나가도록 격려하고 따뜻하게 대할 필요가 있다.

"글씨가 왜 이 모양이냐?", "지렁이 글씨네", "좀더 제대로 쓸 수 없니?"라는 식의 말은 나와 같이 글씨가 나쁜 학생들의 의욕을 꺾어버린다.

선생님은 학생들의 괴발개발 글씨에서도 장점을 찾아낼 필요가 있다. 들쭉날쭉한 글씨를 차츰 안정시키면서, 문장을 자꾸 써보는 마음을 이끌어내는 것이 무엇보다 중요하다.

어떤 경우에는 선생님이 검사를 하기 위해서 노트를 걷어가기도 하는데, 바람직하지 못한 방법이다. 노트는 기본적으로 학생이 가지고 있도록 하는 게 좋다. 해당 페이지만을 뗄 수 있도록 파일 노트의 리필을 사용할 것을 추천한다. 지면에는 페이지 번호를 적어둔다.

선생님의 코멘트가 달려서 돌아온 지면은 원래 해당 페이지에 끼워놓으면 된다. 이렇게 하면 자신의 노트를 모두 남겨놓을 수 있다.

1인 1발상을 노트에 쓴다

학생들은 노트에 무엇을 쓸까? 쓸 이야기가 없다면 당연히 학생들은 즐겁게 계속 쓸 수 있다. 선생님도 칭찬하려야 할 것이 없다. 쓰는 계기를 어떻게 만드느냐가 중요하다. 그것을 찾을 수 있다면 문제될 것도 없다는 것이 선생님들의 속마음일 것이다.

나는 작문이라는 단어를 그다지 좋아하지 않는다. 과거 학생시절의 따분한 이미지가 연상되기 때문이다.

아이들이 자유롭게 쓰는 것을 통해 성장해주었으면 하는 바람은 선생님들도 같은 마음이겠지만, 내가 한 가지 주문하고 싶은 것이 있다. 아이들의 마음속에 뛰어들라는 것이다. 그리고 그곳에 쓰고자 하는 의욕이 조금이라도 발견되면 그것을 힘차게 끌어당겨라. 그래서 아이들이 가는 실과 같이 뭔가를 쓰기 시작하면 그 실이 끊기지 않도록 짜면서 굵직한 줄이 되도록 도와주어야 한다. 처음의 작고 가는 실은 마침내 강철 와이어처럼 단단한 것이 될 것이다. 그것이야말로 진정한 교육의 목적이 아닐까?

작문이라는 딱딱한 말은 그만 사용하고, 자유문이라든가 에세이로 바꾸어 말하면 좋을 것 같다. 노트에 문장을 쓰는 것뿐만 아니다. 학생들이 자신의 발상을 자꾸 글로 남기다 보면, 더 많은 소재를 갖고 쓰게 될 것이고, 문장 연습도 될 것이다.

학교에서도 아이디어 마라톤을 실행할 것을 제안하고 싶다. 나는 우리 아이들에게도 아이디어 마라톤을 실천하도록 했다. 매일 하나씩 자신의 발상을 노트에 쓰게 하는 것이다. 아이들이 남을 흉내내거나 잔꾀를 부리지 않는 한 어떤 발상도 칭찬을 해주었다.

말도 안 되는 공상일지라도 또래의 아이들이 많이 생각하는 것이라면, 아이들의 아이디어 마라톤으로서 칭찬해왔다. 이 같은 방법이 학생들에게도 통하지 않을까 생각한다.

교실에서의 아이디어 마라톤

학교에서의 아이디어 마라톤의 진행법을 소개하자.

교실에 들어가자마자 선생님은 교단 끝에 있는 양동이를 한번 가볍게 찬다.

"자, 오늘 아침에는 15분 동안 이 양동이에 대해 머리를 써보자. 양동이로 머리에 물을 끼얹는 게 아니야. 양동이로부터 여러 가지 새로운 일을 생각해내는 거지. 농담도 괜찮아. 무서운 양동이는 어때? 학생, 웃고 있지만 말고 생각해봐. 특이한 양동이를 한번 생각해볼까? 이 세상에 없는 양동이를 생각해 보란 말이야. 양동이의 새로운 사용법도 괜찮아. 양동이와 같은 집. 괜찮은데? 각자 자신이 생각한 양동이를 노트에 써보자. 선생님도 생각해봤어. 거대한 양동이 속에 있는 양동이, 또 그 속에 있는 양동이, 그리고 드디어 골무 크기와 같은 작은 양동이까지 20개의 양동이가 한몸이 된 양동이. 외국에 갈 때의 여행가방처럼 롤러와 슬라이드식의 손잡이가 달린 양동이. 10개의 양동이로 로봇 조립과 같이 즐길 수 있어. 8개의 양동이를 두드리면 도레미 소리가 나고. 음, 뭐라구? '양동이식 침흘리개 받침'이라구? 괜찮은 생각이구나. 재미있는걸. 그것은 아기의 필수품이 되겠구나. 그럼 하나든 두 개든 좋으니까 생각해봐. 어이쿠, 8분밖에 안 남았군. 생각해봐, 생각해봐."

이렇게 아침 15분 발상의 수업은 선생님이 주제를 정하고 진행한다.

매일 15분이라도 좋다. 아이들이 자신의 사고세계로 들어가서 사고의 내용을 기록해가는 것, 이것이 아이디어 마라톤의 기본이다. 3개월 정도 꾸준히 실행하면 아이들의 발상력과 창조력이 눈부시게 발전할 것이다.

같은 종류의 노트에 매일 떠오르는 발상을 최소한 1개씩 노트에 적어서 남기는 것이 아이디어 마라톤의 원칙이다. 떠오르는 생각이 사물의 고안이든, 가족 계획이든, 에세이 소재든

뭐든지 상관없다.

우리 가족은 모두 이 아이디어 마라톤을 실시하고 있다. 아이들은 초등학생 때부터 매일 노트에 아이디어를 쓰는 습관을 키워왔는데, 효과는 굉장했다. 어른보다 아이들이 더 쉽게 발상을 낸다. 초등학교에 다니는 셋째 아들에게 내준 여름방학 숙제는 아이디어 마라톤 노트를 제출하는 것이었다. 아이들은 작문 대회 같은 것이 열리면 아이디어 마라톤 노트에 적은 발상을 활용했다.

공부를 잘하는가, 못하는가의 문제가 아니었다. 아이디어 마라톤이 있었기에, 가족이 함께 여러 가지 일을 해올 수 있었다.

일에서도 아이디어 마라톤의 영향이 컸다. 나의 경우 대부분의 일의 착상이 아이디어 마라톤 노트에서 얻은 것이라고 해도 과언이 아니다.

아이들의 발상을 칭찬한다

아이들은 대개 15분만 있으면 몇 개 정도의 발상은 낼 수 있다. 문제는 이런 일에 익숙한가 그렇지 않은가 하는 것이다.

1년에 365개의 발상을 낸다면 초등학교 6년 동안에 2,200개의 발상을 기록할 수 있다. 어떤 발상이든지 상관없다. 남을 흉내내지 않고 자기가 생각한 것이라면 뭐든지 좋다. 발상은 무한하게 열려 있다.

선생님들은 아이들의 발상이 아무리 보잘것없는 것이라고 해도 칭찬해주어야 한다. 어떤 개구쟁이도 칭찬받으면 기쁜 법이다. 칭찬하는 선생님에게 눈을 흘기는 학생은 없을 것이다.

선생님의 입장에서 보면 칭찬할 기회를 가진다는 것은 교실의 분위기를 돋우는 데 좋은 일이다. 선생님은 개구쟁이를 칭찬하고 싶어도 마땅히 칭찬할 게 없다. 그래서 개구쟁이는 더욱 수업이 지루해지는 악순환이 이어진다.

그러나 우리 가족은 끊임없이 발상을 내고 칭찬하는 일을 그만두지 않았다. 우리 집에서는 아이들의 발상을 모두 칭찬해주고 나서 서로 어깨를 감싸고 끌어안는다. "돼지도 칭찬하면 나무에 오른다"는 속담이 있다. 어떤 아이들이라도 자기 스스로 생각하기 시작하면, 이제까지 몰랐던 자신의 능력을 알게 된다. 수학을 잘하게 된다거나 국어 성적이 향상된다거나 하는 류의 일이 아니다. 발상이 중요하다. 인생은 사고의 연속이다. 사고력이 자신감을 만든다.

최초의 테마는 교실 안에 있는 것부터 시작하면 좋을 것이다. 칠판, 책상, 의자, 창문, 시계, 전등, 앞에서 예를 든 양동이 등이 모두 사고의 대상이 될 수 있다.

15분 동안에 2개의 아이디어를 내는 아이가 있는 반면 좀처럼 내지 못하는 아이도 있다. 집에서 생각해오는 아이도 있을 것이다. 아이디어를 내지 못하는 아이들에게는 선생님이 상담과 개별 지도를 함으로써 아이디어를 낼 수 있도록 유도해간다. 그것이 교육의 모습이다. 그리고 아주 작은 발상이라도 학생들이 내자마자 선생님은 칭찬하고 또 칭찬해주어야 한다. 칭찬을 잘하는 것도 선생님에게 요구되는 자질이다.

주제를 선생님이 내줄 수도 있다. 생각하는 것은 쉽지 않지만, 그렇다고 해서 고통으로 여겨서도 안 된다. 발상보다 공상을 좋아하는 학생도 있을 것이다. 몽상에 빠진 아이도 있겠지만 현실적인 발상을 내는 아이도 있을 것이다. 이처럼 다양한 아이들의 모습을 볼 수 있다. 이렇게 아이들이 낸 발상을 컴퓨터에 입력하면 더욱 유용하게 활용할 수 있다.

예를 들면 전교생이 300명인 학교에서 매일 한 학생당 1개의 발상을 내면, 1년에 10만 개의 발상이 모아진다. 즉 1명이 낸다면 18년이 걸릴 착상의 축적이 학교에서는 단지 1년 만에 이루어지는 것이다.

이미 설명한 것과 같이 유효발상 밀도 0.3퍼센트의 확률로 훌륭한 발상이 탄생한다. 즉 10만 개의 발상 속에는 300개의 훌륭한 발상이 포함되어 있는 것이다. 1명당 1개의 확률이다.

학생들끼리 자기가 먼저 생각한 것이라며 다투는 일도 있을 것이다. 많은 학생들 중에는 남의 흉내를 내는 아이나 꾀를 부리는 아이도 당연히 있을 것이다. 그렇다고 비관해서는 안 된다. 이를 교육의 기회로 삼을 수 있다. 왜 특허라는 말이 나왔는지, 에디슨이 특허전쟁에서 고뇌한 것은 무엇 때문인지, 미국이 어떻게 발전해왔는지, 일본과 미국 간의 기술전쟁이란 무엇인지 등 선생님이 흥미로운 이야기를 들려주는 계기가 된다.

흉내를 냈다고 해서 비난할 필요는 없다. 학생은 흉내를 내면 금방 들킨다는 것을 알고 있다. 흉내를 내서 괴로운 것은 본인이다. 그 점도 중요한 경험이 될 수 있도록 지도해야 한다.

컴퓨터의 데이터베이스는 가정에서도 볼 수 있다. 이 데이터베이스는 학생들의 능력을 분석하는 수단이 되기도 한다. 보통때는 말이 없는 학생이 믿기지 않을 정도로 재미있는 발상을 내서, '어쩌면 이 아이는 천재일지도 몰라'라고 선생님을 놀라게 만드는 것이다. 그 선생님이 가우스와 같은 천재 수학자의 첫 발견자가 되어, 그 천재의 자서전에 실명으로 등장할지도 모른다. 꿈속에 나오는 이야기가 아니라 현실로 일어날 수 있는 일이다. 그것이 학교에서의 아이디어 마라톤의 효과다.

부모와 교사가 먼저 노트를 쓴다

학생, 부하직원, 배우자, 자녀들에게 문장을 쓰게 하려면 선생님이나 상사, 부모가 먼저 자진해서 노트를 사용해야 한다. 문장을 쓰고, 발상을 기록하고, 자신이 말하고 싶은 것을 쓰는 연속 노트로써 사용하고, 이를 소중하게 간직해야 하는 것이다.

모든 회사의 사장이나 경영 임원진이 "전사원이 더 아이디어를 낼 필요가 있다"라고 말하면서도, 거기에 자신을 포함시키지 않는 방관자가 있다. 그래서는 회사가 발전할 수 없다.

선생님도 마찬가지이다. 가르치는 것은 동시에 배우는 것이며, 가르치는 것만을 따로 생각할 수 없다. 배우면서 가르치는 것이다.

선생님들이 3개월 동안 아이디어 마라톤을 실행하여, 그 효과를 체험하는 것도 학생들에게 아이디어 마라톤을 시작하게 하는 전제조건이 된다.

이렇게 되면 학교는 재능 발굴의 현장이 될 수 있다. 결국 한 나라의 미래를 등에 지는 천재도 아이 때부터 생각하는 습관에서 시작된다.

POINT

1. 우선 자신의 노트를 가지게 한다. 낱장의 메모지로는 모처럼의 발상도 흩어져버린다.
2. 학생들이 글을 쓰게 하는 비결은 뭐니뭐니해도 자주 칭찬해주는 것이다.
3. 자꾸 씀으로써 자신의 문체를 가질 수 있다.
4. 학생들에게 일기와 아이디어 마라톤을 쓰게 한다.

'매듭'이 있는 연간 노트

속도 감각은 나이에 비례한다는 말이 있다. 그래서 조금만 마음을 놓고 있어도 금세 1년이 지나가버린다.

아무도 흐르는 시간을 멈추게 할 수 없다. 시간에 대해서 언제나 짧은 단위로 지나가고 있음을 의식할 수 있을 뿐이다. 나는 이것을 너무 의식하고 있어서 항상 아내로부터 "정신 없다"는 말과 함께 "시간 구두쇠"라는 말을 들으며 산다.

매듭의 설정

나는 시간적인 '매듭'의 설정이 인생을 형성한다고 생각한다.

예를 들면 나의 하루라는 시간에 대한 '매듭'은 반드시 몇 가지 발상을 노트에 쓰는 것으로써 달성할 수 있다. 반대로 쓰지 않으면 하루가 끝나지 않는다고 생각한다. 이와 같은 '매듭'을 주 단위, 월 단위, 계절 단위로 만든다. 1년의 연 단위라는 '매듭'의 조건도 가지고 있다. 결국 인생은 '매듭'의 축적이다.

나의 경우, '이것을 하지 않으면 1년이 끝나지 않는다'는 생각으로 연중행사를 설정한다. 예를 들면, 새해 인사를 가는 것부터 시작해서 계절마다 제철 과일을 먹는다든가, 추석이나 연말 행사는 반드시 한다든가, 매년 여행을 가는 것 등은 모두 연중행사의 설정에 따른 것이다.

나의 경우, 지난 20년 동안 1년에 최소한 1권의 책을 내는 것을 연중행사에 속하는 하나의 '매듭'으로 삼아왔다.

한 권의 책을 내보면 자신에게 적합한 분야나 무엇을 쓰고 싶은지가 점점 보인다. 나는 해외생활 전반을 다룬 책을 아내와 공저로 출판한 것을 계기로 해외생활을 하는 데 필요한 노하우를 더욱 발전시킬 필요가 있다고 생각했다.

예를 들면 해외에서의 안전 문제이다. 해외 기업의 안전관리에 대해서는 이미 출판된 책도 있었지만, 가족을 보호하고 생활을 지키기 위한 '해외생활의 위기관리'를 주제로 한 것은 우리 부부의 책이 처음이었다.

해외에서는 가족의 안전이 중요하다. 위험 요소는 회사나 일에 대해서만이 아니라 가정에까지 미친다. 가족을 지키지도 못하는 사람이 일을 잘하기란 어렵다는 것이 나의 주장이다. 회사나 통근, 주변 업무에 비해서 가족이 훨씬 더 무방비인 경우가 많다.

게다가 해외에서 생활하는 사람이면 누구나 가정 교육의 필요성에 대해 알고 있지만, 구체적인 방법을 제시하는 사람은 없었다. 우리 부부는 처음으로 이 분야에서 여러 가지 제안을 할 수 있었다.

이들 실용서를 쓰고 있는 동안에 생활 에세이나 여행 에세이가 쌓여갔다. 출판사에 보낸 글들이 책으로 출판되기도 했다.

원고를 다 쓰면 출판사에 보내는데, 그 출판사의 출판 방침에 따르지 않으면 출판되기 어렵다. 그래서 포기하지 않고 거절당해도 끈기 있게 계속 보내는 것이 중요하다. 거절당했다고 그냥 끝내서는 안 된다. 거절당한 이유를 물어서 글을 쓰는 데 참고로 삼는 것이 성공의 첫걸음이다. 거절당할 때마다 자신의 원고를 다시 한 번 읽어보고, 컴퓨터 원고라면 다시 써보는 열정과 노력이 필요하다.

어떻게 쓸 것인가?

나의 경우 처음 원고를 쓰기 시작해서 한 권의 책으로 출판되기까지는 3년 가까운 세월이 걸렸다. 주말밖에 쓸 시간이 없기 때문이다. 기행문이나 에세이는 평소 노트에 써놓은 글들을 기초로 컴퓨터에 입력해간다.

3년치 정도를 되돌아보면, 책으로 엮을 수 있는 일관된 주제의 내용을 고를 수 있게 된다. 발상과 관련된 책은 한 가지 주제나 방향을 정해서 쓰면 되지만, 노하우와 관련된 책은 평소 공부하며 쌓아가지 않으면 쓸 수 없다. 주말에는 다음에 낼

매듭의 연간 노트

1. 매듭의 설정

시간적인 매듭의 설정은 인생을 형성한다.

예) 나의 하루라는 시간에 대한 매듭

반드시 몇 가지 발상을 노트에 적는다.
→ 쓰지 않으면 하루가 끝나지 않는다.

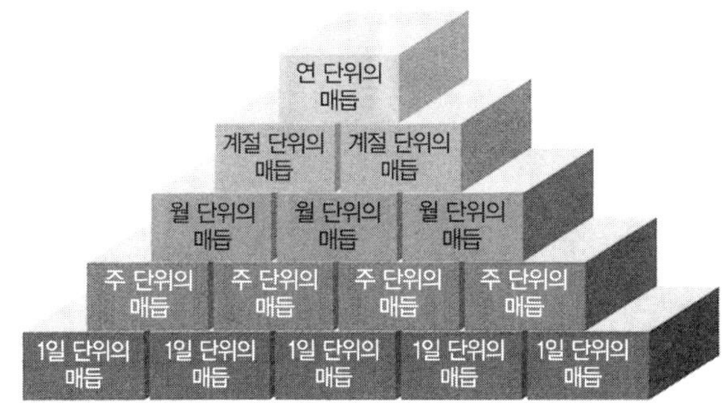

2. 매듭의 연중행사

예) 1년에 최소한 한 권의 책을 낸다.

우선 한 권의 책을 낸다. 자기의 저성 분야니 무엇을 쓰고 싶은시 보인다.
해외생활 전반의 노하우 개척

해외에서의 안전 관리 : 가족을 보호하기 위한 '해외생활의 위기관리'

해외에서의 가정 교육에 대해서도 제안한다.

책의 주제나 접근법, 자료 수집을 생각하다 보면 어느새 시간이 지나가버린다.

에세이건 기행문이건, 나는 내가 체험한 일이 아니면 쓰지 않는다는 생각을 가지고 있다. 그래서 경험을 쌓고 노하우를 조사하여 덧붙여 쓰는 것으로써 드디어 한 권의 책이 완성된다.

POINT

1. 시간 사용법에 '매듭'을 가진다. 1시간, 1일, 1개월, 1년, 5년 단위로 각각의 매듭을 설정하면 인생의 충실도가 달라진다.

아이들의 스케치 노트

큰아들이 중학교 1학년 때, 한 가지 과제를 주었다.

"무엇이든지 좋으니까 매일 주변의 것을 한 가지씩, 되도록 정밀하게 연필로 스케치를 해보겠니?"

"알았어요."

아들의 첫 스케치 대상은 지우개였다. 나름대로 잘 그렸다. 다음날은 연필, 삼각자라는 식으로 책상에 있는 것을 차례로 그려나갔다. 그 다음에는 숟가락을 그리면서 일상용품으로 확장했다. 어려울 때도 있었지만 아이는 포기하지 않았다.

처음에는 시간이 걸려서 울상이 되기도 했지만, 차츰 익숙해져서 스케치가 아이에게 정신적인 안정을 가져다주는 듯했다. 나중에는 콧노래까지 부르면서 그렸다.

"매일 한 가지라고 정했으면, 반드시 끝까지 마무리해라."

내가 아이에게 말했다. 나도 끈질겼지만 아이도 열심히 했다. 스케치의 요령이라고 할까, 스케치도 에세이처럼 상당히 개성이 배어나는 것이다.

스케치를 하나 하는 데 30분 걸렸다. 그래도 예상외로 세세하게 그렸다. 연필과 지우개만을 사용하여 그렸는데, 하나의 스케치를 완성할 때까지 잠도 자지 않았다. 완성된 스케치는 오른쪽 하단에 날짜와 이름을 적어넣어 파일에 보관했다.

나를 닮지 않은 꼼꼼한 성격이 스케치라는 작업에 잘 맞았던 것 같다. 스케치는 날마다 쌓여갔다. 매일 하나씩의 스케치는 내가 큰아들에게 준 아이디어 마라톤이었다. 스케치 노트의 파일은 우리 집의 보물 명단에 올랐다.

아들의 스케치를 드디어 제2단계로 끌어올릴 계획을 세웠다. 다음 단계는 도자기 그릇에 그림을 그려서 굽는 것이었다.

나는 여러 가지 취미를 갖고 있었지만, 그중 하나가 도예였다. 사우디아라비아에서 처음 배웠는데, 도자기를 굽기 위해 일본에서 등유 가마를 가져왔을 정도였다.

변기나 타일 제조공장에 부탁해서 사막 속의 찰흙을 구하고, 오아시스의 풀을 태우고 남은 재를 이용하여 청색 도자기를 만들었다. 컵, 주전자, 머그잔, 시계 등의 생활용품도 만들었다. 내가 만든 도자기가 변기와 타일 공장을 장식하기도 했다.

사우디아라비아에서 일본으로 귀국할 때, 도예 가마를 가지고 들어오고 싶었지만 리야드의 일본인 학교에 기부했다. 아이들은 그 가마에서 리야드산 도자기를 만들고 있다고 한다.

일본으로 귀국한 후에도 도예에 관한 나의 열정은 사라지지 않았다. 하지만 아파트에서 연기가 피어오르는 등유 가마를 사용하기는 곤란했기 때문에 결국 큰 돈을 들여 전기 가마를 구입했다. 그렇게 다시 도예를 시작하면서 중학교 2학년생인 아들에게 큰 도자기 그릇 위에 전용 물감으로 꽃 그림을 그리게 했던 것이다.

이 때문에 퇴근길에 회사나 집 근처 꽃집에 들러 꽃 한 송이를 사는 게 일과가 되었다. 매일 꽃을 사다 보니 꽃집 주인과도 친해졌다.

"사모님께 매일 꽃을 드리는 거예요? 정말 다정하시네요."

"아뇨, 아들이 그림을 그려요."

그리고 집에 들어가서는 "자, 선물!" 하면서 아내한테 꽃을 내밀곤 했다.

"선물이 아니라 스케치할 거잖아요."

"그래. 그래도 내 마음은 당신에 대한 선물이야. 어쨌든 그림을 그리고 나면 당신에게 주고 있잖아."

아들의 그림은 처음에는 균형이 잡혀 있지 않거나 물감이 잘 스며들지 않았지만 점점 솜씨가 좋아졌다. 철쭉, 튤립, 석남 등의 그림이 완성되었고, 일정한 양이 쌓이면 주말에 내가 구웠다.

몇 번의 실패를 거듭한 끝에 구운 대접 속의 석남 그림은 박력이 있었다.

"이건 좋구나" 하고 아내도 칭찬했다. 그 뒤부터는 조금씩 멋진 작품이 섞이게 되었다. 진지하게 '어쩌면 큰아들은 이걸로 먹고 살 수 있게 될지도 모르겠군' 하고 생각했을 정도이다. 최고의 작품은 지금은 고인이 된 어머니에게 드렸다.

큰아들의 그림은 우리 집의 보물이 되었다. 아버지의 집념과 큰아들의 인내와 근면의 결실이었다. 그런데 다음해에 베트남에 부임했을 때, 아내가 나한테 물어보지도 않고 그 비싼 전기 가마를 친구에게 선물해버렸다. 이 건에 대해서는 아직까지 아내를 용서하지 못하고 있다.

변호사가 된 큰아들은 현재 아이디어 마라톤만 쓰고 있을 뿐이지만, 언젠가 다시 도자기 그림을 그릴 것이라고 확신하고 있다. 그리고 나 역시 이유 없는 박해를 받고 추방된 전기 가마를 구입하여, 도예를 다시 시작할 것이다.

POINT

1. 여행 갈 때도 수채물감 세트를 가지고 가서 여러 가지 꽃을 그린다. 아이디어 마라톤의 일기에도 꽃 그림을 덧붙이고 있다. 그러면 마음이 안정된다.
2. 둘째 아들이 그린 식물화를 내 노트에 소중하게 보관하고 있다.
3. 스케치나 세밀화는 최고로 좋은 상상의 표현 방법일 뿐만 아니라 정보 전달에도 큰 도움이 된다. 잘 그린 스케치나 세밀화는 문자의 정보에 비하면 1,000배의 효과가 있다.

부모님의 투병 일기

같은 날에 내 부모님이 모두 다른 종류의 암에 걸린 것을 알았다. 불행이 손에 손을 잡고 온 것이다. 아버지는 전립선암, 어머니는 골수암이었다. 처음에 어머니가 원인 불명의 심한 빈혈로 고생하고 있는 동안 아버지는 암의 전이가 판명되어 우리와 동생 부부는 그야말로 소동이 벌어졌다.

당시 부모님은 모두 자기 상황은 모른 채 상대방의 병만 알고 있는 상황이었다. 나는 동생과 상의한 끝에 부모님이 항암제 투여로 약간 회복이 되자 두 분에게 병을 털어놓았다. 두 분은 슬슬 눈치채고 있었던지 그리 크게 놀라지 않았다.

그때 나는 A5 노트를 한 권씩 부모님에게 드리면서 말했다.

"남은 인생, 몇 년이 될지 모르지만 일기를 써보세요."

어머니는 그 자리에서 승낙했고, 아버지는 "싫다"고 했지만 부지런한 아버지는 반드시 쓸 것이라고 생각했다.

부모님과 가까운 곳에 사는 동생 부부가 간병을 많이 도왔다. 나는 주말마다 도쿄에서 고속철을 타고 교토까지 갔다.

토요일 첫 기차를 타면 아침 8시쯤에는 교토에 도착했다. 자식이 도쿄에 살고 부모가 지방에 사는 가족에게 고속철은 정말 편리했다. 심야의 귀가길에 고속철이 끊기면 심야 버스를 타거나 블루 트레인으로 도쿄에 돌아오는 일도 있었다.

부모님은 입원과 퇴원을 반복하면서 계속 항암제 치료를 받았다. 두 분 모두 일기를 계속 쓰셨다(아버지에 대해서는 역시 내 예감이 맞았다). 일기에는 암과 투쟁하는 결의도 있었지만, 암에 대해 '움직이지 마'라고 타이르는 듯한 밝은 문장도 쓰여 있었다. 나도 침대 옆에서 일기나 발상, 에세이를 노트나 워드 프로세서로 계속 써나갔다.

약 1년이 지난 어느 날, 아버지가 암의 말기 증상인 폐렴을 일으켜 긴급 입원을 했다는 소식을 들었다. 가나카와 현 서부에 있는 고객을 방문하고 돌아가는 차 안에서였다.

교토에 도착한 것은 소식을 들은 지 3시간 만이었다. 아버지는 산소 마스크를 부착하고 있었지만 의식은 또렷했다. 내가 너무 빨리 달려간 것이다.

"오늘은 웬일이냐?"

아버지가 오히려 의아해하며 물으셨다.

나는 아버지가 최악의 상태가 된 것은 알았지만 차마 그런 말은 할 수 없어서 "잠깐 이쪽에 출장 온 길에 들렀어요"라고 둘러대며 억지 미소를 지었다. 아내까지 몇 시간 후에 달려와서 아버지는 더욱 의아하셨겠지만, 그래도 우리 얼굴을 보고

무척 반가워하셨다.

그때 아버지는 침대 머리맡을 가리키며 말씀하셨다.

"자서전을 어제 밤늦게까지 썼으니까 한 번 읽어봐라."

아버지는 이미 며칠 전부터 폐렴이 심해졌지만, 입원하기 직전까지 자신이 살아온 이야기를 담은 자서전을 완성하고 계셨다. 아버지 역시 마지막 순간이 다가오고 있음을 알았을 것이다.

나는 돌아오는 고속철 안에서 아버지의 원고를 읽고 눈물을 흘리면서 워드 프로세서에 입력했다. 며칠 후 완성된 원고를 인쇄하여 아버지에게 보여드렸다. 아버지는 산소 마스크를 하신 몸으로 원고 첨삭을 하셨다. 그것을 다시 워드 프로세서로 정정해서 가져갔을 때는 병세는 최악에 다가가고 있었다.

아버지는 목이 부어서 잘 나오지도 않는 목소리로 내게 말씀하셨다.

"뭐든지 얘기할 테니 질문해다오. 이야기해두고 싶다."

나는 10개분의 카세트 테이프에 약 40시간 동안 아버지의 음성을 녹음했다.

며칠 후 아버지는 1년의 투병 기간을 마감하고 세상을 떠나셨다. 아버지의 영전에 자서전을 바쳤다. 아버지의 노트는 두 권이었다.

어머니의 투병은 아직 계속되고 있었다. 어머니는 자신의 노트에 일기를 더하여 가족, 친척, 친구들에게 보내는 메시지,

가족에 대한 감사의 마음, 사후의 처리, 자신이 죽은 후의 유산 분배 등을 상세하게 적어놓았다.

아버지가 돌아가신 지 1년 후, 어머니도 세상을 떠나셨다. 어머니가 남긴 노트는 다섯 권이었다.

노트의 어느 페이지를 열어도 부모님 생각이 난다. 지금은 모두 나의 소중한 보물이다. 이 노트들이 없었다면 두 분의 투병생활은 전혀 다른 기억으로 남았을지도 모른다. 부모님 역시 노트 덕분에 남은 시간을 충실하게 맞을 수 있었을 것이다.

사람들은 시간이 얼마 남지 않았음을 알았을 때 자손에게 기억될 자신의 모습을 생각하게 되지 않을까? 노트에는 그 실마리가 되는 것을 자신이 직접 적어갈 수 있다.

평소 부모님은 일기도 문장도 써보지 않았지만 정말 열심히 일기를 쓰셨다. 그때 인생 노트가 얼마나 중요한지 다시 한 번 깨달았다.

POINT

1. 부모님이 남기신 것 중 최고의 것은 두 분이 살아온 길을 적은 노트였다.
2. 부모님이 노트에 적어놓은 것이 우리들에게 보내는 메시지였다.
3. 부모님도 노트에 일기를 쓰면서 우울한 기분이나 통증, 죽음에 대한 공포심을 어느 정도 극복하셨던 것 같다.

나의 자서전 쓰기

2003년 7월, 나는 상사 주재원으로서 3년째 카트만두에 살고 있다. 그 동안 즐거웠던 추억의 하나는 2년간 카트만두 일본어 보습학교의 교장선생이 된 것이다.

교장이라고 해도 명예교장이기 때문에 입학식이나 졸업식 때 축사를 하고 가끔 수업 견학을 하는 정도이지만 아이들이 귀여워서 행사에 참석하는 날이 손꼽아 기다려졌다. 특히 내가 좋아했던 것은 졸업식이 끝난 후 열리는 학생들의 스피치 대회이다. 스피치 대회는 12년째 계속되고 있었다.

아이들은 자신이 생각한 주제를 원고도 없이 강단에 서서 말한다. 아이들에게 있어서 이 스피치 대회는 굉장한 것으로, 매년 스피치의 소재를 생각하는 것이 어렵다고 속마음을 털어놓는 아이도 있었다.

스피치는 초등학교 1학년의 귀여운 아이들부터 어른보다도 덩치가 더 커보이는 중학교 3학년까지, 학년순으로 진행된다. 심사위원 중 한 명인 나는 아이들의 스피치 속에 어떤 좋은 점이 있는지를 듣고, 스피치의 제목과 이름이 적힌 용지에 짧은 감상을 적어간다.

작년부터 나는 스피치가 끝난 후, 참가자 전원의 스피치를 짧게 평가하고 있다. "아주 침착하게 잘 이야기했어요", "네팔을 아주 좋아한다는 것이 잘 전달되었습니다"라는 식이다.

중학교 3학년인 A양의 스피치 제목은 '뭐였을까, 15년'이었다. 자신이 태어나서 15세가 될 때까지의 역사를 이야기한 것이다.

2세 즈음의 최초의 기억이나 후에 이야기를 들어서 알게 된 일부터 시작하여, 15세가 될 때까지의 여러 가지 추억을 간단하게 이야기해 나갔다. 신세대답게 이야기하는 것을 듣고 놀랐다. 그 아이는 밝은 목소리로 대본 없이 스피치를 해나갔지만, 스피치의 대본을 아주 많이 고민했음에 틀림없었다.

'정말 신통하다.'

어른이라도 자신의 인생을 돌이켜 상세하게 이야기할 기회는 그다지 많지 않다. 15세짜리 아이가 자신이 살아온 길을 되돌아보는 것이 정말 대단하다고 생각했다.

듣고 있던 다른 심사위원이나 어른들도 나와 똑같이 느끼는 듯했다. 단순히 발상이 좋았을 뿐 아니라 어른들로 하여금 생각하게 하는 내용의 스피치였던 것이다.

과거라는 표현은 어둡지만 자신의 인생을 되돌아보고 노트에 적어가면서 조금씩 조금씩 자신의 역사의 모자이크를 만드는 일은 매우 인간적이고 지적인 작업이 아닐 수 없다.

우선은 자신의 역사의 골격을 적어보면 좋을 것이다. 자신이 언제부터 언제까지 무엇을 했는지 돌이켜보면,

(1) 그 당시 몰입하고 있었던 것
(2) 당시에는 몹시 힘들었던 고통이 지금은 인생의 양념이 되는 것
(3) 지금이라면 당시 사이가 좋지 않았던 친구와 이야기를 할 수 있을 것 같다는 생각
(4) 오랫동안 만나지 못하고 있는 친구에 대한 그리움

등의 감정이 새록새록 솟아날 것이다. 인생에서 이렇게 솟아나는 추억의 샘물을 길어올려 노트에 적어본다. 이것이야말로 인간이 아니면 할 수 없는 일이 아닐까?

POINT

1. 추억을 생각나는 대로 적어본다.
2. 우스웠던 일, 기가 막혔던 일도 좋은 추억이 될 수 있다.
3. 나이와 상관없이 지나온 삶을 기록으로 남기면 앞으로 남은 인생을 더 충실하게 살아갈 수 있다.

7

성적을 올려주는
학습 노트법

예습 노트

이 책의 독자 중에는 중·고등학생 자녀를 둔 부모님이 있을 것이다. 자녀들의 성적 부진이 사실은 공부 방법보다는 노트 필기 방법을 모르기 때문일 수도 있다.

그러한 아이들에게 노트 필기법을 제안할 수 있도록 나의 육아 체험을 바탕으로 노하우를 정리해보았다.

영어를 싫어하는 중·고등학생의 자녀라면 나의 체험이 반드시 도움이 될 것이다. 좋은 선생님과 친구들이라는 행운도 있었지만, 노트를 최대한 활용함으로써 취약한 과목을 극복하고 좋아하는 일을 할 수 있었다.

나는 중학교 2학년 때까지는 영어를 싫어했다. 그런데 중학교 3학년 때 갑자기 성적이 올라 고등학교 입학 무렵에는 잘하는 과목이 되었고, 대학도 외국어대학에 입학했다.

우리 집은 교토 시 북부의 주택가에 있었는데, 중학교 3학년 초에 같은 시내의 상업지역으로 이사하면서 학교를 옮기게 되었다. 전학한 S중학교는 당시 일본에서 가장 작은 중학교였다. 학교의 역사는 길었지만, 운동장이 테니스코트 한 면도 안 되었다.

그 전에 다니던 교토 시 북부의 중학교는 규모가 컸지만 성적이 그다지 좋지 않아서 성적표를 받는 것이 싫었다. 영어 성적도 그리 칭찬받을 만한 것이 못 되었다.

전학하고 받은 첫 수업이 영어였다. 나는 긴장한 채 수업을 들었다. 내 자리는 가장 앞줄에 있었는데, 오른쪽 옆자리에는 귀여운 여학생이 앉아 있었다.

상당히 나이가 많은 Y선생님이 수업이 끝날 무렵에 칠판에 그날 날짜와 요일을 영어로 쓰고 나서 숙제를 내주었다.

"자, 여러분, 다음 수업시간까지 오늘 배운 교과서 내용을 반듯하게 노트에 적어오세요."

나는 집으로 돌아간 후, 새로 산 A4 대학 노트를 펴고 영어 교과서를 베끼기 시작했다. 천천히, 한 줄씩 띄어가며 써나갔다. 노트의 상단에는 날짜를 영어로 썼다. 영어로 쓴 분량은 2페이지였다.

다음날에도 또 2페이지를 적었다. 베낀 내용이 수업 진도보다 반 페이지 정도 앞섰다. 영어 수업은 이틀 후에 있었다. 대학 노트를 지참하고 영어시간을 기다렸다. Y선생님이 교실에 들어와서 출석을 불렀다.

"그럼 수업을 시작할까?"

그때 선생님이 맨 앞줄에 앉아 있는 나의 노트를 보았다.

"어, 학생, 그 노트……."

나는 부끄러워서 얼른 노트를 숨기고 싶었지만, 그럴 틈도 없이 선생님은 내 노트를 가지고 가서 높이 쳐들었다.

"자, 여러분, 보세요. 히구치 군은 반듯하게 숙제를 써왔어요. 히구치 군, 정말 잘했어요. 매일 2페이지씩 적었구나. 정말 잘했어요."

나로선 최고의 칭찬이었다. 하늘을 나는 기분이란 바로 그때의 심정과 같은 것이라고 생각한다.

그때까지 흐림이었던 나의 인생이 한순간에 맑음이 되었다. 옆자리의 귀여운 여학생도 눈부신 듯이 나를 쳐다보는 것 같았다. 그날 밤은 쉽게 흥분이 가시지 않았다. 집에 돌아간 나는 교과서를 2페이지가 아니라 3페이지나 노트에 옮겨적었다.

그후 나는 교과서를 베끼는 것뿐만 아니라 수업시간 중에도 선생님의 설명을 반듯하게 메모하여, 집에 와서 열심히 복습했다. 옆자리 여학생의 기대도 저버리고 싶지 않았다. 나는 금세 교과서를 통째로 외워버렸다.

집에서도 공부에 대한 열성은 대단했다. 모두 Y선생님이 내 노트를 칭찬해준 덕분이었다. 시험은 한참 후에 있었지만, 교과서 내용을 모조리 암기하고 있어서 실수만 하지 않는다면 통과한 것과 다름없었다. 따라서 영어만큼은 시험 직전에 벼락치기 공부를 하지 않아도 되었다. 중학교에 입학한 후 처음 있는 일이었다. 여유 있게 시험을 치르다니, 얼마 전까지만 해도 상상도 할 수 없는 일이었다.

한 권의 노트가 순식간에 채워지고 2권, 3권으로 넘어갔다. 교과서를 베낄 때 연필 가루가 묻어서 오른쪽 새끼손가락은 언제나 새까맸다.

시험 직전 영어 공부에 할당된 시간이 줄었기 때문에 다른 과목을 공부할 수 있는 시간이 늘어났다. 시너지 효과라고나 할까. 수학에서도 옆자리 여학생이 가끔 질문을 하면 긴장하면서도 가르쳐줄 수 있었다. 집에서 필사적으로 공부에 매달린 덕분이었다.

같은 A4 크기의 노트라도 더 두꺼운 것을 구입하여, 굉장히 빠른 속도로 적어갔다. 영어는 각 장을 완전히 암기하여, 독해문, 단어, 숙어 등도 깨끗하게 정서했다. 암기하고 있는 것을 확인하기 위해 전문을 노트에 적었다.

Y선생님한테 칭찬을 받은 노트가 내 인생의 출발점이었다. 그 노트에 교과서의 문장을 베끼지 않았다면, 그리고 칭찬을 받지 않았다면, 나는 아마도 오사카 외국어대학교의 영어과에 들어가지 않았을 것이고, 상사에도 취직하지 않았을 것이다.

나의 추억 속에 등장하는 칭찬할 시점을 알고 있었던 Y선생님이나, 옆자리의 귀여운 여학생 등의 존재는 어쩌면 우연과 행운의 요소였는지도 모른다. 그러나 우연과 행운은 누구에게나 찾아오는 것이다. 중요한 것은 그 행복을 낭비하여 사라져버리지 않게 하는 것이다.

예습 노트 작성 방법

영어든 수학이든 예습하면서 노트를 작성하면 수업 내용을 이해하기 쉬워진다.

영어 독해를 예습할 경우에는 대학 노트의 중간에 세로 선을 그어 왼쪽에 교과서의 내용을 베끼고, 오른쪽에는 해석을 직접 써넣는다. 이런 독해 예습 노트를 중학교 3학년 때부터 고등학교 졸업 때까지 계속 써왔다.

중요한 것은 예습 단계에서 영어를 모조리 암기하여 쓸 수 있도록 하는 것이다. 노트에 교과서의 새로운 장의 텍스트를 한 번 깨끗하게 베껴적고, 그것을 다른 종이에 몇 번이나 쓰면서 되풀이해서 읽고 암기해 나갔다. 이런 식으로 매일 중단하지 않고 계속했다.

그 덕분에 수업시간에는 교과서나 노트를 보지 않고도 텍스트를 읽을 수 있었다. 수업시간에 선생님이 보충한 단어, 숙어, 그 밖의 설명은 노트에 적어갔다.

중학교 3학년 1학기 초부터 교과서를 암기하고 암송하는 것을 시작했는데, 1학기를 마칠 무렵에는 교과서 한 권을 모조리 암기해버렸다. 암기한 후에도 매주 암기 내용을 체크했다.

고등학교 3학년 때까지 이 학습법을 이용했다. 이 방법의 장점은 영어를 우선 입으로 암기해버린다는 것이다. 물론 철자 확인 등은 써서 확인하고 머릿속에 집어넣었다.

교과서 암기 방법은 1장을 암기한 다음 2장을 암기한다. 그러고 나서 1장과 2장을 한꺼번에 복습한다. 그 다음에는 3장으로 들어가서, 앞에서 말한 요령을 되풀이하는 것이다.

이런 방법 덕분에 시험이 닥쳐도 영어 공부에 많은 시간을 할애해본 적이 없었다. 영어 교과서를 깡그리 암기해버렸기 때문에 거의 완벽하게 독해 시험 준비가 되어 있었던 것이다. 물론 문법과 작문에 관해서는 직전에 공부할 필요가 있었다.

취약한 과목을 짧은 시간에 학습하는 방법으로는 여기에 설명한 것과 같이 노트를 단지 만드는 것뿐만 아니라 몇 번이고 되풀이해서 적으면서 암기해버리는 방법을 썼다. 이렇게 해서 나는 영어를 정복했다.

POINT

1. 선생님은 학생들을 칭찬할 시점을 찾는 것이 중요하다.
2. 집에서 부모가 선생님을 대신하여 칭찬하는 것도 좋지만, 교실과 같은 공공의 장소에서 칭찬을 받을 때 아이들은 더욱 분발한다.
3. 아이들은 칭찬을 받으면 기뻐한다. 특히 수업시간처럼 다른 사람들 앞에서 칭찬해주면 칭찬의 효과가 더 커진다.

복습 노트

나의 서가에는 한 권의 대학 노트가 있다. 아내가 대학교 1학년 때 썼던 노트이다. 30여 년 전의 지리학 수업 내용이 질서정연하게 기록되어 있다.

지금 아내의 머릿속에는 그 내용이 전혀 남아 있지 않을 것이다. 어느 날 아내한테 물었다.

"어떻게 이렇게 깔끔하게 정리된 노트가 필요했을까?"

"당연한 일 아니에요? 노트에 필기하고 귀가하면 그 노트를 깨끗하게 정리하는 것은 공부의 첫걸음이잖아요. 깔끔하게 노트를 정리해서 복습하는 게 중요하죠. 초등학교, 중학교, 고등학교, 대학교 모두 다 마찬가지예요. 노트에 필기한 내용이 시험에 나오잖아요. 좋은 성적을 받으려면 노트 정리를 잘해야 돼요."

어느 학교에나 이와 같은 우등생은 있다. 나와는 전혀 다르다. 같은 인류에 속해 있다고 생각되지 않을 정도이다. 나로서는 전혀 상상할 수 없는 꼼꼼한 행동 패턴이다.

　　나는 고등학교와 대학교를 통틀어서 내가 배우고 싶지 않은 과목, 싫어하는 선생님의 수업은 학점 취득을 위해서 어쩔 수 없이 출석하고 시험을 쳤지만 열심히 하지는 않았다. 훌륭한 노트도 전혀 만들지 않았다. 그래서 내 경우는 수업의 기호가 바로 반영되어 좋아하는 과목은 성적이 좋았지만 싫어하는 과목은 그야말로 낙제를 면할 정도였다.

POINT

1. 학교에서 돌아오는 대로 복습 노트를 정리함으로써 그날 배운 것을 머릿속에 집어넣을 수 있다.
2. 복습 노트는 선생님이 칠판에 적은 것 등을 다시 한 번 다른 노트에 정리함으로써 완벽해진다. 이렇게 하는 것만으로도 학교 성적이 달라질 것이다. 중학교와 고등학교에서 이 복습 노트를 만들어놓으면 시험 공부를 체계적으로 할 수 있다.
3. 가끔 반에서 그 과목을 잘하는 사람의 노트를 보여달라고 하는 것도 복습하는 데 큰 도움이 된다.

암기 노트

어떻게 하면 효율적으로 기억할 수 있게 되는가? 이것도 내 경험을 통해 소개하고자 한다.

①수업이 끝나면 한시라도 빨리 노트를 다시 검토한다. 수업 직후든 귀가한 후든 상관없지만 되도록 빨리 하는 것이 좋다. 각 과목에 15분 정도씩 시간을 할애하여, 재확인만 한다. 가장 중요한 것은 수업 시간에 베낀 노트를 정리하면서 다른 노트에 다시 적는 것이다. 이 재필기 작업을 잘해야 시험 성적이 좋다. 아주 귀찮아서 나는 실천하지 못했지만, 아내는 이것을 습관으로 만들었다.

②그 날 수업시간에 배운 것은 그날 중에 집에서 정리한다. 암기할 필요가 있는 것은 그날 중에 암기한다. 다음날이 되면, 기억하고 있는 수업 내용 중 70퍼센트가 사라진다.

③다음날 아침, 전 날 암기한 것을 다시 확인하여 중요 항목에 표시를 한다. 각 과목당 20분씩 할애한다.

④ 주말에 되풀이하며 재확인한다. 짧은 시간으로 충분하다.

⑤ 통학하는 버스나 전철에서 앉을 수 있으면 노트를 꺼내어 다시 확인한다. 앉을 수 없다면 암기용 종이를 만들어놓고 그것을 암기한다. 지금이라면 복사본을 이용할 수 있다.

⑥ 처음에는 쓰면서 암기하고, 쓴 것을 눈으로 보고 입으로 발성하면서 귀로 확인하는 방법으로 바꾸어간다. (특히 영어의 경우) 시간이 걸리지만 결국 가장 빠르게 암기할 수 있는 방법이다.

⑦ 내가 고등학교 때 이용했던 방법은 쉬는 시간에 1분 또는 30초만이라도 자리에 앉은 채 수업시간에 필기한 노트의 중요한 부분에 빨간 펜이나 마커로 표시를 하는 일이었다. 걸을 때도 가장 중요한 단어 하나를 찾아서 소리내어 외우곤 했다. 이것만으로도 오래 지속하면 큰 차이가 된다.

⑧ 노트를 종종 확인한다. 어떤 장소에서도 시간만 있으면 노트를 점검하고, 들여다보고, 입으로 말하면서 암기한다. 뇌는 눈과 귀라는 두 가지 수단을 이용할 때 더 많은 정보를 받아들인다.

⑨ 산수나 수학 등의 경우, 문제를 반듯하게 도식화할 수 있으면, 노트를 작성하는 중에 암기해버리는 경우도 있다. 한자도 마찬가지이다. 아이들을 위한 그림 풀이 한자 카드를 만드는 동안 아이가 암기해버렸다.

⑩ 가사가 있는 노래를 들으면서 암기하는 방법은 효율적이지 못하다. TV를 보면서 하는 것은 최악이다.

⑪ 남의 노트를 베끼는 데 복사본을 받아서 한다면 제대로

기억할 수 없다. 단기적인 기억으로 끝나버린다. 자신의 노트를 바탕으로 하고, 남의 노트를 참고하면 무적의 노트가 된다.

⑫ 자신의 집중력이 얼마나 지속되는지 미리 알아두면 좋다. 30분이 지났을 때 정신이 산만해지는 사람이라면 30분마다 5분씩 기분 전환을 하는 편이 좋다. 녹차 등을 마시는 것도 권할 만하다. 그러나 기분 전환이 너무 오래 가지 않도록 조심해야 한다. 그 시간에 TV라도 보기 시작한다면 기분 전환이라는 본래의 목적에서 벗어나버린다.

⑬ 완벽하게 암기했다고 생각해도 다시 한 번 확인한다. 자신의 기억력을 과신해서는 안 된다. 아예 믿지 않는 것이 낫다.

⑭ 졸리면 15~30분 정도만 잔다. 자명종은 2~3개 마련해서, 간격을 두고 연속적으로 울리게 한다. 우리 집에는 아이들용 자명종이 4개나 있다. 잠시 눈을 붙이고 나서 화장실에 다녀온 뒤 커피를 마시고 기억 작업을 재개한다.

POINT

1. 학교 수업 내용은 모조리 암기하면 압도적으로 유리하다.
2. 누구든지 조금씩, 몇 번씩 되풀이하면 암기할 수 있다. 인내력과 집중력의 문제이다.
3. TV를 보지 않는다. 정신이 산만해져서 집중력을 발휘할 수 없다.
4. 암기용으로 별도 노트를 만들면 기억하는 데 더욱 효과적이다.

오답 연구 노트

이번에는 아이들의 예를 소개하자. 지금 자녀교육에 분투 중인 사람들에게 도움이 될 것이다. 아니, 어쩌면 부하직원 교육에 참고가 될지도 모른다.

산수는 부모가 아이들에게 매일 제대로 가르치면, 1년 만에 3학년 정도의 양을 진행할 수 있다. 머리가 좋은 아이들은 4년 분은 나갈 수 있을 것이다. 아내와 함께 세 아들을 가르쳐본 경험에서 나온 것이다.

아이들에게 매일 문제집을 풀게 하면서 느꼈던 점은 아이들이 답을 맞혔느냐가 아니라 그 답에 이르게 된 과정이 중요하다는 것이다.

오답에도 몇 가지 종류가 있어서, 나는 거기에 실수(실수로 틀린 것), 고집(자기 식으로 푼 것), 유치(바보 같은 실수를 한 것)라고 이름을 붙였다.

둘째 아들이 초등학교 3학년 때, 산수 문제에서 몇 번이나 유치한 실수를 하는 것을 보고 노트를 한 권 주었다. 그리고 노

오답 연구 노트

매일 푸는 산수 문제집

포인트 정답이냐 오답이냐가 아니라 그 답에 이르게 된 과정이 중요

1. 아이가 산수 문제를 푼다.
2. 부모는 해답 페이지를 보고 틀린 문제를 빨간 펜으로 체크한다.
3. 아이는 틀린 문제를 그대로 '연구 노트' 에 베낀다.
4. 아이가 스스로 어느 부분이 틀렸는지 생각한다.
5. 틀린 부분을 찾으면 아이가 직접 빨간 펜으로 적어넣고 정정해서 코멘트를 달고, 오답의 유형을 분류한다.

> **오답의 종류**
>
> 실수 : 실수로 틀린 것
> 고집 : 자기 식으로 푼 것
> 유치 : 바보 같은 실수를 한 것

연구 노트에 문제를 잘못 베낀 경우

1. 몇 번씩 같은 실수를 되풀이하기 쉽기 때문에 이를 줄이기 위해서는 자기 분석을 하여 자신의 약점을 알아차리는 것이 효과적이다.
2. 응용문제에서도 반드시 오답 연구 노트에 설명을 붙이면 실력이 향상한다.

오답 연구 노트

같은 실수나 실패를 되풀이하지 않기 위한 오답 연구 노트는 직장인, 연인, 연구자, 교육자 등도 응용할 수 있다. 특히 기업의 경우 반드시 실패 사례 등을 분석 · 응용해야 한다.

트 표지에 '산수 오답 연구 노트'라고 제목을 쓰게 했다.

오답 연구 노트의 사용법은 아주 간단하다.

(1) 둘째 아들이 산수 문제를 몇 장 푼다.
(2) 나는 해답 페이지를 보고 틀린 문제를 빨간 펜으로 표시
한다.
(3) 둘째 아들이 틀린 문제를 그대로 '연구 노트'에 베낀다.
(4) 둘째 아들이 스스로 어느 부분이 틀렸는지 생각한다.
(5) 틀린 부분을 찾으면 직접 빨간 펜으로 정정하여 코멘트
를 달고, 오답의 유형을 분류한다.

예를 들어, 계산 용지에 문제를 잘못 적어넣어서 틀린 문제에
아들은 '나는 또 문제를 잘못 적어버렸어'라는 식으로 적는다.

그러면 내가 '그래. 그런데 잘못 베낀 문제에서도 계산을 잘
못한 것은 왜 그럴까?'라고 코멘트를 적는다.

'으악!'

이것은 효과적인 치료법이었다. 산수 등에서는 몇 번이나 같
은 실수를 되풀이하기 쉬운데, 이를 줄이려면 자기 분석하여 자
신의 약점을 알아차리도록 해야 한다.

응용문제에서도 반드시 오답 연구 노트에 설명을 붙이도
록 했다. 이런 방법 덕분에 아이들의 실력이 쑥쑥 향상되는
것이 느껴졌다.

오답 연구 노트는 여러 가지로 응용할 수 있다. 어린아이들의 학습뿐만 아니라, 직장이나 연인 관계, 연구자나 교육자 사이에서도 통하는 노하우다. 기업에서도 성공한 프로젝트나 계획은 앞장서서 홍보하지만, 실패한 사례에 대해서는 감추려 든다. 그래서 같은 실수나 실패가 일어나는 것이다. 그것을 방지하려면 기업의 오답 연구 노트도 있어야 할 것이다.

POINT

1. 자신의 실수를 안다는 것은 이해하고 있다는 증거이다.
2. 공부하는 학생과 머리가 나쁜 학생을 가르치는 선생님의 1인 2역을 할 수 있다.
3. 이 공부법은 아이들이 스스로 자신의 오답을 정정해 나가기 때문에, 부모의 손을 덜어주는 에너지 절약 교육법이기도 하다.

시험 대비 노트

큰아들이 중학교에 입학했을 때, 나는 일말의 불안감이 있었다.

'아이가 제대로 중학교 공부를 따라갈 수 있을까?'

오랜 세월, 나의 열등생 콤플렉스의 근원이었던 의문이 동시에 튀어나왔다.

'중학생이 되면, 왜 갑자기 정기시험 같은 것을 치러야 하지?'

내가 옛날부터 궁금하게 생각했던 것이다.

초등학교 때는 선생님이 "자, 여러분, 모레가 시험날이에요. 범위는 여기에서 여기까지예요. 공부 많이 해서 오세요. 그럼 오늘은 수업 끝났습니다"라고 말하면, 그날 집에 가서 열심히 공부하면 되었다.

그런데 중학교에 들어가면 모든 게 달라진다. 새로운 과목이 많이 생긴데다 공부 내용도 상당히 어려워진다. 선생님이 어느 날 갑자기 중간고사 기간을 선포한다.

"다음 주부터 중간고사입니다. 모두 8과목이에요. 열심히 하세요. 그때까지 조금 더 진도가 나갑니다."

'단 1주일 안에 8과목이나 되는 시험을 준비해야 한다니. 어떡하지? 좀더 일찍 준비했어야 했는데.'

이것이 내가 중학교 1학년 때 맞닥뜨린 최초의 정기시험에 대한 쓰라린 기억이다. 중학교 1학년에서 머뭇거리면 거의 자동적으로 중학교 3학년 때까지 부진을 면치 못한다. 나 역시 반에서 중간 등수가 부동의 위치였다.

큰아들에게 경고가 필요하다고 느꼈을 때는 이미 기말고사가 시작된 뒤였다. 큰아들은 충분한 준비와 마음가짐 없이 이 어려운 기간에 들어서버린 것을 깨달았다.

나 역시 '앗, 너무 늦었군. 더 빨리 경고할 걸' 하고 후회했지만, 이미 늦었다. 예상대로 큰아들의 중간고사 성적은 아무리 좋게 보려고 해도 형편없는 것이었다.

그래도 간이 큰 건지 아니면 성격이 무딘 건지, 큰아들은 의외로 태연하게 여름방학을 맞이했다.

이때 나는 내 경험에 비추어 아들이 열등감을 지니고 살게 해서는 안 된다고 결심했다. 아내를 통해 아들에게 1학기 복습을 시키고, 게다가 새 학기에 적응하기 위해서 기초학습이 될 수 있는 예습 노트를 작성하도록 시켰다.

동시에 새 학기가 시작하자마자 정기시험이 언제쯤 있을지 조사하게 했다. 적이 기습 공격하기 전에 미리 대비하도록 하기 위한 것이다.

정기시험 2개월 전, 나는 밤에 큰아들을 거실로 불렀다.

"지금부터 비밀 작전회의를 시작할 거야. 알겠니? 교과서와 노트를 전부 가져와. 그리고 새로운 노트를 만드는 거야. 그게 바로 '시험 대비 노트'가 되는 거지."

그리고 큰아들에게 덧붙여 지시했다.

"오늘부터 2개월 후에 정기시험의 폭풍이 다가오니까, 그때까지 모든 과목의 현상과 대책을 생각하자. 우선 네 노트를 모두 가져와 보렴."

큰아들이 가져온 노트는 도무지 노트라고 할 수 없었다. 거의 쓴 게 없는 텅 빈 노트였다.

"이래서는 안 되겠구나. 이제까지 배운 내용을 정리하기 위한 노트를 따로 만들어라. 어디 보자. 지리가 가장 진도가 늦구나. 수학도 조금 더 해야겠다. 에이, 모두 다 해야겠다. 이번 주말까지 노트를 작성해라. 2개월 지나면 이 정도까지는 할 수 있을 거야."

나는 2개월 후의 목표를 아들에게 제시했다.

큰아들은 새로운 노트에 목표 도달점과 기초학습 일정을 적어넣었다. 이것이 '시험 대비 노트'였다.

포스트잇으로 시험 범위를 정하고, 진도가 늦은 과목의 순서를 정해서 그날의 대책회의를 마쳤다.

다음 회의는 한 달 반 뒤에 할 예정이었다. 노트는 조금씩 싹이 나고 있었지만 아직 비가 모자라서 충분히 성장했다고 할 수는 없었다. 나는 아들을 격려했다. 공부하는 것은 내가 아니라 아들이니 격려하는 일은 쉬웠다.

작전회의를 열고 시험과목과 시험 날짜, 도달 범위를 확정하여 둘이서 노트를 확인했다. 정기시험 1주일 전에는 충분한 방어 장치와 혼란 방지책도 갖추었다.

정기시험 전의 주말은 가장 중요한 시간이다. 이에 대해서도 지도했다. 이렇게 진지한 미팅이 몇 번 되풀이되는 동안 아내는 차를 마시고 초콜릿을 먹고 있을 뿐이었다.

드디어 시험이 하루 뒤로 다가왔을 때 큰아들은 여전히 여유로워 보였지만, 이번에는 잘할 수 있다는 여유였다.

시험을 치른 결과, 성적은 38.5퍼센트 향상했다. 어머니가 수수방관하고 있어도, 아버지의 집념으로 정기시험 무대책 증후군의 재발을 막은 것이다. 그후에도 고등학교에 입학할 때까지 정기시험 전의 2개월, 1개월, 2주일, 1주일이라는 식으로 일을 같이 조정하고 노트를 확인했다.

가정에서 이렇게 준비하는 것만으로도 정기시험을 여유롭게 치를 수 있었다.

세 아들은 모두 내가 구축한 방재관리 시스템의 하나인 ‘시험 대비 노트’로 중학교 시절을 넘겼다. 정기시험에서 아버지의 쓰라린 경험을 되풀이하지 않아도 되었던 것이다.

아무리 머리가 좋은 아이라도 혼란상태에 빠져 있으면 아무것도 할 수 없다. 이 ‘시험 대비 노트’를 사용한다면, 숨어 있는 수많은 우등생들을 보호할 수 있을 것이다.

이 노트는 일에도 응용할 수 있다. 직장생활에서도 몇 개월 후에 반드시 일어나는 일을 알고, 전략을 갖추고 있다면 빠른 시일 안에 손을 써서 대응할 수 있다.

POINT

1. 역사는 되풀이된다. 부모, 선배, 상사는 자신과 똑같은 실수나 실패를 하지 않도록 배려할 의무가 있다.
2. 계획과 시뮬레이션과 만반의 준비가 혼란을 없앤다.
3. 사회에서는 이러한 배려를 하는 것이 당연한데, 학교는 왠지 수수방관하는 것이 신기하다.

맺는 글

쓰는 행위 자체는 인간의 본질과 진화에 관계가 있다. 쓰는 것으로써 뇌를 자극하고 진화할 수 있다면, 쓰지 않고 있으면 뇌는 퇴화할 것이라고 말할 수 있다. 요즘 젊은 사람들은 손으로 쓰지 않고 키보드로 컴퓨터에 입력하는 것에만 익숙해져 있다. 키보드로는 '글을 쓴다'고 할 수 없다. '문자를 치는' 것이다.

"어차피 문장을 만든다는 목적은 같은데, 컴퓨터로 보다 간단하고 쉽게 달성할 수 있다면 상관없지 않은가?"라고 말할 수도 있겠지만, 문자를 직접 손으로 쓰지 않으면, 분명 어떤 능력은 상실되어버릴 것이다. 한자 쓰는 것을 잊어버리기도 하지만, 언어적 자극이 줄어 뇌의 기능에도 나쁜 영향을 미칠 가능성이 높다. 따라서 쓰는 기회를 더 늘릴 필요가 있다.

최근에는 컴퓨터의 키보드 입력과 자동 한자 변환이 가능해지고, 게다가 게임이나 만화책의 영향 때문에 문자를 읽는 것조차 어려워지는 현상이 나타나고 있다. 쓰는 일이 없어지고,

심지어 읽는 일도 어려워질 가능성이 생겨났다. 이미 이 경향은 상당히 널리 퍼져 있는지도 모른다.

전용 펜으로 글자를 입력하는 타블릿 타입의 컴퓨터도 나왔는데, 아쉽게도 쓸 때의 필압이나 쓰고 있다는 감촉이 떨어져 아직까지 어색함을 떨치지 못하고 있다.

언젠가는 종이와 같이 극단적으로 얇은 전자 표시의 종이에 자유롭게 쓰거나 지울 수 있는 전자 노트가 나타나리라는 상상도 가능하다.

종이의 역사는 길다. 노트의 기법을 하이테크 기기와 접목시켜 사용하는 것도 좋은 방법이 될 것이다. 컴퓨터에 비해 노트에는 뇌가 편안함을 느끼는 것 같다. 노트는 인간적이다. IT 시대에도 이러한 인간적 감성이나 편안함은 무시할 수 없을 것이다.

노트에 글을 쓸 때의 직접적인 감촉을 상상해보라. 종이의 탄력성이나 마찰의 진동에 즉각 반응한다. 연필이 종이에 닿을 때 느껴지는 부드럽고 매끄러운 감촉이 뇌를 즐겁게 하지 않는가?

손끝에 달린 뇌의 작은 출장 사무소처럼 느껴질 정도이다. 손끝에 눈이 있다는 사람도 있다. 초밥을 손가락으로 집어서 먹을 때 그 맛이 몇 배나 좋아지는 것 같은 기분이 든다. 그렇다면 손가락으로 글을 쓰는 행위가 생각의 깊이를 더해주는 것이 아닐까?

이 책에서 나는 노트의 사용법을 설명하거나, 노트에 관련

된 여러 가지 에피소드를 소개하는 것으로써 노트의 중요성을 호소해왔다. 특히 연속 노트(내 경우는 아이디어 마라톤 노트)의 소중함을 강조했다. 누구나 '인생의 심'이 되는 일들이 있게 마련이다. 그것을 계속 써나가면, 연속 노트가 될 것이다. 노트를 계속 써가는 동안 '인생의 심'은 더욱 알차고 견고해질 것이다. 그것이 나의 경우는 '아이디어 마라톤'의 실행과 기록이었다.

당신도 노트에 계속 써가는 것으로써, 인생의 심을 만들기를 바란다.

1. 통합 노트의 시작

1984년 1월 24일 사우디아라비아의 리야드에서

2. 통합 노트의 사양과 권수

1권부터 10권까지는 미국 RENCO 사의 NO. 600-12(변형 A5)

11권부터 268권(2003년 7월)까지는 마루맨 사의 A5 파일 노트 F-806(제조

중단)을 사용

3. 노트의 내용과 상태

	노트의 내용	노트의 종류	노트의 상태
개인	발상	A5 파일 노트	공용
	단가	A5 파일 노트	공용
	개인적인 계획	A5 파일 노트	공용
	에세이 줄거리	A5 파일 노트	공용
	일기	A5 파일 노트	공용
	스케치	A5 파일 노트	공용
	어학 등의 기입식 암기용	일반 노트	비공용
회사	회의록	A5 파일 노트	공용
	업무 계획	A5 파일 노트	공용
	전화나 미팅 내용 메모	A5 파일 노트	공용
	전화번호	A5 파일 노트	공용

269권부터는 마루맨 사의 A5 파일 노트 커버 F-286을 사용할 예정

＊추가품

1) 보충 리필 : 마루맨 사 L811

2) 클리어 파일 : A5 20홀 마루맨 사 L819

3) 지퍼가 달린 폴더 마루맨 사 A5 20홀 L821

펜의 종류	보존상태	기입 방법/횟수
파일럿 사의 V콘 수성볼펜(파란색과 빨간색)	영구 보존	빽빽이 쓴다/평일 71개, 금·토·일은 72개. 1페이지에 6~8개. 되도록 그림을 그린다.
위와 같음	영구 보존	매일 아침 어제 것을 쓴다/매일 16개, 일기·단가
위와 같음	영구 보존	필요할 때 쓴다. 발상을 쓸 때도 있다.
위와 같음	영구 보존	전체 착상이나 에피소드는 발상으로 쓴다. 에세이는 노트북에 쓴다. 노트북이 없을 때는 노트에 쓴다.
위와 같음	영구 보존	매일 아침 어제 내용을 쓴다.
크로스의 샤프(굵은 글씨용)	영구 보존	주말이나 여행할 때 그린다.
파일럿 사의 V콘 수성볼펜(파란색)	교과서 외에는 보존하지 않는다.	
파일럿 사의 V콘 수성볼펜(파란색)	영구 보존	회의록을 작성하기 위해서 상세하게 쓴다.
위와 같음	영구 보존	발상의 하나로 쓴다.
위와 같음	영구 보존	알기 쉽게 크게 쓴다.
펜으로 추가 기입하여 PC 데이터 갱신	연 2회 갱신	인쇄된 것에 추가 기입한다.

4. 노트와 함께 휴대하는 중요 서류와 자료
(네팔 카트만두 주재 중)

1) 네팔 주재 일본인회 회원 명단
2) 미쓰이 물산 카트만두 사무소 발행의 가이드북 '네팔을 처음 방문하는 분을 위해서'
3) 미쓰이 물산 카트만두 사무소 사택 및 네팔인 사원의 자택 약도
4) 모든 명함 데이터(스캔받고 인쇄한 것)
5) 사내 긴급 연락망
6) 여권
7) 히말라야 연봉 그림
8) 미쓰이 물산 사무소 소재지
9) 카트만두 사무소 발행의 사원증
10) 네팔 정부 관청 출입 허가증

5. 노트와 함께 가지고 다니는 소품들
(네팔 카트만두 주재 중)

1) 카드 계산기
2) 소니 전자사전 DD-IC5000(현재 DD-IC7000에 갱신 계획 중)
3) 소니의 메모리 스틱 예비 128M 1개
4) 미니 맥라이트 솔리테르 총 대리점 미쓰이 물산
5) 스위스 군용칼(카드용, 비행기 이용시는 제외)
6) 미니 스위스 군용칼(비행기 이용시는 제외)
7) 작은 플라스틱 포스트잇
8) 목캔디 몇 개
9) 반창고 몇 개
10) 면봉 몇 개
11) 인공눈물(방콕에서 구입한 1회용 인공눈물 알콘 사 4개)
12) 여권 사진 몇 장
13) 명함 몇 장
14) '당신의 명함' 몇 장
15) 방콕에서 구입한 반짝이 스티커 몇 장
16) 아내와의 화투 승패 기록 카드(이미 2년 분) 3장
17) '노트를 주운 분께' 라는 주의 사항과 이름이 인쇄된 스티커 몇 장

18) 파일럿의 수성볼펜 V콘펜 파란색 3개, 빨간색 3개

19) 크로스 샤프 1개

20) 네팔 히말라야 산 수정 부적 1개

21) 부적으로 갖고 다니는 어머니의 유품인 1만 엔짜리 지폐
    (번호 CA02222C) 1장.

22) 카드 CD-R 아이디어 마라톤 프리젠테이션 용의 파워포인트 자료

23) 예비 양말 1켤레

24) 미쓰비시 연필 CD-R 마커 유성 UNI Mediax 1개

25) 티백 2

26) 아내와 찍은 사진 1장

27) 둘째 아들이 그린 식물화 2점

6. 노트 도구와 주변 기기

1) 소니 PDA PEG-NX70V

2) 소니 IC 레코더 ICD-MSI

3) 우치다 번호 타자기 GL-7

4) 후지쯔 노트북 FMV-Biblo Loox T9/80M (현재 Loox의 T90D의 구입 검토 중)

5) 카시오 네임랜드 KL-5000

6) 윈저&뉴턴의 휴대용 수채물감 세트

7. 보조용 가방에 넣고 다니는 물품

1) 소니의 디지털 카메라 DSC-F717과 예비 건전지

2) 샤프의 컬러 전자사전 PW-C5000

3) 후지필름의 체키와 예비 필름

4) 현지에서의 휴대전화 노키아

5) 예비용 단3 건전지 2개

6) 가민 GPS(포켓 네비게이션)

7) 스폴딩 사의 고도계

8. 과거의 노트 보관장소

1) 2권부터 209권까지는 도쿄의 서류 창고

2) 1권, 210권에서 268권까지는 카트만두의 집에 보관

3) 사용하고 있는 노트는 항상 소지하고 다닌다.